Les voyages d'Ino

Jean-François Chabas

Les voyages d'Ino

Médium
l'école des loisirs
11, rue de Sèvres, Paris 6e

Loi n° 49.956 du 16 juillet 1949 sur les publications
destinées à la jeunesse : mars 2004
Dépôt légal : mars 2004
Imprimé en France par la
Société Nouvelle Firmin-Didot
Mesnil-sur-l'Estrée (66920)

À ma mère, qui m'a offert
la montagne, ses roches,
ses névés et ses fleurs.
Jean-François

1

– Tu sais ? Tu sais pourquoi le public aime tellement les dauphins ? Hein ?

– Bff ! Trop mangé, moi…

– Parce qu'ils sont tellement intelligents et sympathiques ? Parce qu'ils sont beaux ? Non. À cause du sourire. C'est de l'anthropomorphisme.

– À tes souhaits.

– Tu ne sais pas ce que ça veut dire ? À ton âge ? Il t'apprend quoi, ton père ? Colin, comment tu l'as élevé, ce petit ?

– Je me suis élevé tout seul, mon cher oncle. Je suis une vilaine mauvaise herbe.

– Je te crois sur parole. Anthropomorphisme… il faut que je t'explique ça. C'est quand tu prêtes à un animal des sentiments humains. Des pensées humaines. Le dauphin, il sourit, mais c'est juste la forme de sa mâchoire. Rien à voir avec son humeur, pourtant on s'exclame, oh, comme il est mignon, regardez, il sourit. Voilà le truc. Et je vais te dire une bonne chose, une autre très bonne chose…

– Pitié…

– … si nous sommes anthropomorphes, c'est parce que nous ne voyons que nous, nous, nous. Nous, les humains. Les humains pourris, qui…

– … c'est reparti. Papa ! Dis à ton frère de se calmer. J'en ai marre d'entendre dire qu'on est méchant. Ça me fait transpirer.

Après le déjeuner, nous sommes allés faire la sieste, tous les trois. Mon père était fatigué par sa semaine de travail à l'usine. Mon oncle et moi nous trouvions juste écrasés par la chaleur d'un mois de juillet extraordinairement pesant, si on veut considérer le climat habituel de notre ville. Il était rare qu'ici, sur la côte et à cette latitude, la moiteur fût installée comme une couverture humide. Les vents, d'habitude, s'en chargeaient. Mais depuis quelques jours rien ne bougeait et, tel un voilier encalminé, notre maison subissait la fièvre. Allongé nu sur mon lit, j'ai fait un de ces rêves entre l'éveil et le somme, à cheval sur cette crête qui sépare l'inconscient du conscient. J'étais dans la mer, elle s'étendait à perte de vue, ma tête flottant en bouchon à la surface étale. Je me laissais couler et, dans la clarté des rayons solaires que fragmentaient les eaux, un dauphin m'est apparu. Il était grand, il ne souriait pas. Il me regardait et, dans son œil, je découvrais une science, qui n'était et ne serait jamais la mienne.

2

Nous ne dirigeons pas autant notre vie que nous voulons le faire croire aux autres, et à nous-mêmes. Le plus souvent, nous imaginons, mis devant le fait accompli, que nous avons choisi tel métier, tel mode d'existence parce que, une fois qu'ils sont là, il faut faire avec. Mais je suis sûr de moi : c'est cette conversation avec mon oncle Patrick, et le rêve qu'elle a provoqué, qui a décidé de mon avenir.

Nous habitions à Thurso – on ne peut construire plus au nord de l'Écosse : au-dessus, ce sont les îles Orcades, puis les Shetlands. Et nous y étions installés depuis au moins cinq générations, six, sept, dix peut-être, mais nous n'avions ni le temps ni l'envie de parcourir comme des écureuils les branches de l'arbre généalogique – des affaires de fainéants et de retraités à moitié gâteux, disait mon père, avec ce sens de la nuance qui a toujours caractérisé les membres du clan Mackenzie. Et c'est ainsi que je m'appelle. Ian Mackenzie.

Je porte une lourde hérédité puisque ma mère était une Wick, de la ville du même nom, et que son caractère, m'a-t-on raconté, avait terrifié les plus solides des hommes du pays. Elle était également une fille splendide, la beauté fatale des Highlands du Nord, ainsi elle avait laissé dans son sillage de nombreuses joues endolories par ses gifles légendaires. Résolument inapprivoisable. Impossible à approcher à moins de trois mètres. Mon père, selon ses dires, l'avait eue par la ruse. La suivant de loin dans la lande, puis, à la faveur d'un long détour en courant comme un perdu, lui tendant une embuscade sur le chemin.

Il s'était allongé sur le dos à la manière d'une tortue échouée tout en se tenant la cheville à deux mains avant de pousser des hurlements entre lesquels il était question d'entorse et d'épouvantable douleur. Mary Wick était sauvage, mais elle avait un cœur. Deux bonds, au secours de l'infortuné ; las, à peine s'était-elle penchée sur mon père que celui-ci – elle était vraiment la plus jolie fille du nord de l'Écosse –, oubliant sa patience et ses plans, l'avait attrapée par les oreilles et embrassée sur les lèvres.

Il survécut malgré tout.

On peut même dire qu'il dut sa fortune à ses blessures. Car Mary Wick l'avait frappé si fort qu'elle lui avait, entre autres, fendu l'arcade sourcilière. Ce qui n'est pas dangereux, mais spectaculaire. Énormément de sang. Et d'authentiques braillements de mon père.

Se faire respecter, c'était une chose. Mais abandonner dans la lande un homme qu'on croit avoir grièvement blessé, c'en était une autre. Ma mère traîna le fourbe par les aisselles jusqu'à la première ferme, on appela le médecin, et trois mois plus tard le mariage était célébré. Je suppose que c'est un audacieux raccourci – mon père n'a jamais voulu me raconter ce qui se passa entre cette arcade fendue et la cérémonie –, mais le fait est qu'ainsi s'unirent les Wick et les Mackensie, au cours d'une fête qui dura quinze jours.

L'année suivante, je naquis et ma mère mourut d'une infection provoquée par l'accouchement. Elle avait eu le temps de me donner le prénom de son grand-père. Je trouve que c'est juste : Ian, pour la moitié de Wick, Mackenzie pour celle de Thurso.

La puissance du rêve est très sous-estimée. On dit que Thomas Edison a fait la plus grande part de ses découvertes, a élaboré beaucoup de ses inventions, au cœur de ses songes. Lorsque cette créature des eaux m'est apparue par cet après-midi anormalement chaud, nous avons scellé un pacte. Aussi curieux cela puisse-t-il paraître, à partir de ce moment il n'a plus été question que d'apprendre à connaître ces animaux. Je m'y suis mis immédiatement. J'avais douze ans ce jour-là, lorsque je suis descendu de ma chambre pour trouver un peu de fraîcheur dans la cuisine, où mon oncle fouillait le réfrigérateur à la recherche d'une nouvelle bière.

– Patrick… Tu as déjà vu des dauphins ou d'autres bêtes marines ?

– Question grotesque. Tu parles à un marin, pas à un Touareg, j'imagine.

Il avait déjà ingurgité beaucoup trop de liquides divers, et la canicule n'arrangeait rien.

– Oui, mon cher ami, j'ai effectivement…

– Moi aussi. Tu te souviens, même, quand j'étais petit, au cap Wrath ? Les deux marsouins échoués ?

– Cela arrive. Triste fin. Aouch !

– Patrick. Ces bouteilles... Le bouchon ne se dévisse pas. Il faut un décapsuleur. Non. Je veux dire, de près.

– Ma bière ? La décapsuler de près ? Quelle drôle d'idée. Est-ce que, Dieu sait par quel prodige, tu as vu quelqu'un décapsuler une bouteille à distance ? Mon cher Ian ?

– Vu un mammifère marin de près. Vivant.

– Aquatique... et... pulmonaire. Cétacés, en quelque sorte sous-ordre des odon... dontocètes. Hurp !

– Ça va...

– Je pense qu'une autre bière serait tout à fait...

Qu'on me croie sur parole : il n'y a rien à tirer d'un Mackenzie qui s'est mis dans cet état. Je suis retourné à mes draps froissés.

Nous vivions tous les trois dans la maison de Thurso. Patrick, cuisinier dans la marine marchande, était le plus souvent en mer. Non père travaillait à la conserverie. Trois hommes – deux hommes et demi – seuls dans une maison, il y a de quoi imaginer des montagnes de linge sale abandonné, un ménage effectué lorsqu'il est devenu impossible de regarder à travers la crasse des vitres ou de traîner ses chaussures sans emmener avec soi un troupeau de moutons. En fait, ce n'était pas cela du tout. Parce que Colin Mackenzie, mon père, avait absorbé ma mère. Il lui avait été impossible d'accepter sa disparition. À regarder le seul cliché qui fût montré dans notre antre masculin, c'est-à-dire une photo du mariage, accrochée au-dessus du lit de mon père, le plus crétin eût compris pourquoi. Mary était à tomber par terre (en se tenant la cheville ou non), c'était un fait. Mais le regard qu'échangeaient le jeune époux et sa femme était tissé d'une telle dévotion réciproque que voilà : la mort elle-même n'y avait rien pu, ils étaient inséparables.

Ainsi Colin Mackenzie avait gobé l'esprit de la belle des Highlands, et se trouvait partagé entre deux personnalités bien distinctes. L'homme roux et râblé, aux battoirs poilus et à la voix puissante, et la jolie Mary.

Il n'était pas fou. Je crois bien au contraire que ç'avait été pour lui la meilleure manière de ne pas le devenir. Mais cela produisait un effet curieux, ces deux caractères, ces différentes inclinaisons se battant à l'intérieur du corps de mon père.

Colin aspirait à la douce tiédeur d'un antre viril, fleurant bon la chaussette et la bière éventée. Mais pour Mary, il n'était pas question de vivre ainsi. Et elle avait toujours le dessus. Mon père balayait, frottait les vitres, récurait la cuisinière. Parfois, il jetait son torchon, marmonnant que cette fois on lui en faisait trop faire, qu'il y avait des limites à ce qu'un homme… mais deux minutes plus tard, il allait chercher sur l'étagère le bidon de cire à encaustiquer.

Patrick et moi nous serions faits à cette lutte intestine si la tyrannie de Mary n'avait dicté à Colin de nous mettre, nous aussi, à l'ouvrage. Et contrairement à mon oncle, qui était souvent parti, je subissais des inspections de chambre qui eussent rendu dérisoires les visites impromptues d'un sergent-chef des Marines. Il est certain que ma mère, par-delà la tombe, veillait à mon éducation et à ma propreté.

Mon père ne regardait pas les femmes. Ce n'était en aucun cas une décision délibérée. Il ne les voyait plus. Son cœur était plein. Il n'avait besoin de rien que d'attendre ; encore ne le faisait-il pas avec quelque impatience morbide. Serein, il se préparait à rejoindre, lorsqu'il serait temps, Mary la belle. Il n'a jamais douté – de cela, je mettrais les deux mains et les pieds au feu – qu'elle et lui se retrouveraient. Ils n'étaient séparés que matériellement, et de façon toute temporaire.

– La première fois, c'était, c'était justement mon premier voyage. J'avais embarqué sur un porte-conteneurs. Cinquante mille tonnes. Beau bestiau. J'ai mal à la tête.

– Comme c'est étrange.

– Le sarcasme du morveux n'atteint pas l'homme sûr de son fait et de ses droits.

– Comme le droit de se mettre minable en plein après-midi ?

– Ton effronterie te vaudra le silence.

– …

– Je ne te raconterai rien.

Mon oncle Patrick était l'homme le plus bavard d'Écosse. J'ai croisé les bras, et j'ai attendu. Il s'est gratté le nez, il s'est un peu balancé sur sa chaise. À force de compression, les mots lui sortaient presque par le nez et les oreilles. Ça n'a pas tardé.

– Cinquante mille tonnes ! Aucune idée de ce que ça donne, hein, pauvre petit cr…

J'ai montré, doigt levé, l'étage où se reposait mon père, un père habité par une femme qui détestait qu'on insultât son fils. Mon oncle a aussitôt levé les mains, comme on guide un avion au garage.

– Bien. Bon. Hum. Cinquante mille tonnes. Le trajet, c'était La Corogne (Espagne du Nord), Portland (Maine, USA). J'avais dix-neuf ans. Même pas d'escale aux Açores. Mais en passant au large des îles Flores... Il faut que tu imagines la vague d'étrave d'un super-conteneur. Ce n'est pas exactement celle d'un skiff. C'est énorme. Énorme. Ça coupe la mer comme, euh, comme... Alors voilà, je suis penché au-dessus de l'eau, à bâbord avant, et, eh bien, j'ai un peu mal au cœur.

– Tu es en train de vomir partout.

– La loyauté des Mackenzie m'oblige à reconnaître que oui. Et la mer n'était même pas formée. Je n'étais qu'un pitoyable moutard. Dans ton genre. En tout cas, je les aperçois, mes petits malins. Je n'ai plus pensé à mes nausées, ç'a été le médicament magique. Des dauphins, qui se livraient à un drôle de manège sur la vague d'étrave. Que je sois foudroyé à l'instant si ces gaillards ne jouaient pas.

– Ils étaient comment ?

– Je n'irais pas jusqu'à dire que j'ai pu compter leurs dents, parce que, étant donné la taille du navire, c'était comme si je les regardais du haut d'un immeuble. Mais pour ce qui est du jeu, pas de problème. Ça se sentait. C'était communicatif. Ils se battaient presque pour profiter de la vague. Ils surfaient. Je suis resté un long moment à les regarder, je ne m'en serais pas fatigué, mais le maître-coq est venu me chercher à coups de pied dans les meules, en me demandant si je me croyais en croisière sur le *Queen Mary*. Comme c'était quand même un brave gars et qu'il avait bien bourlingué, je lui ai demandé, un peu comme toi, ce que c'était comme dauphins. Il m'a dit qu'il s'en foutait. C'est étrange, Ian, mais il y a beaucoup de gens de mer qui s'en balancent.

– De quoi ?

– De ce qu'ils côtoient. Les animaux, la vie des océans. À part les pêcheurs, et eux, c'est le gain qui les préoccupe. Les pêcheurs, à cause de ce qu'ils sont censés trouver dans leurs filets, ils apprennent un minimum. Les autres, ceux de la marine marchande, la militaire, ils voient les eaux comme une espèce de grande autoroute. Ah si, ils se préoccupent tous du temps. D'ailleurs, plus le bateau est petit ou en mauvais état – c'est-à-dire plus le risque de couler est grand –, plus ils s'en inquiètent, de la météo. Mais à part ça… Le maître-coq, il y aurait pu y avoir des sirènes roses à la place des dauphins, il s'en serait tamponné. Dommage.

– Donc, tu n'as jamais su.

– Ah, mais si. Quand j'ai étudié tout ce monde, je les ai reconnus, mes surfeurs ; à peu près certain que c'étaient des tursiops. Grands, aileron dorsal en forme de faux, petits bras : tursiops.

– Mais… pourquoi est-ce que tu ne m'as jamais dit que tu savais tous ces…

– Parce que tu ne me l'as jamais demandé. Et moi maintenant, je réclame de l'Alka-Selzer.

3

L'entêtement a au moins cela de bon que, lorsqu'on en est affligé, on fait rarement les choses à moitié. Patrick ayant décidé d'apprendre ce qu'il pouvait sur les mammifères marins, il s'y était pris avec méthode, et obstination. Sa somme de connaissances était stupéfiante, surtout pour moi qui croyais avoir fait cent fois le tour du bonhomme et qui savais que mon oncle avait abandonné l'école pour ainsi dire avant de l'avoir commencée. Mais il arrive – chacun, je crois, peut en faire l'expérience – de découvrir des trésors dissimulés chez des proches qu'on s'imaginait transparents. Il m'avait fallu douze ans pour découvrir le savoir de Patrick.

Il a été mon premier professeur. L'ordre des cétacés compte des dizaines de membres, beaucoup plus que tout ce que j'avais à l'idée. Ainsi du tursiops, *Tursiops truncatus*, sous-famille des delphininés, famille des delphinidés, super-famille des delphinoïdes, sous-ordre des odontocètes…

Après une heure de conversation, j'étais à bout de latin et d'explications tortueuses.

– O.K. T'es super-savant. Tursiops machin. Mais raconte-moi des histoires sur ces bêtes.

– J'en ai, j'en ai… Mais c'est ton père qui a le plus beau souvenir. Leur aventure près de Cadix, pendant le voyage de noces. Demande-lui.

– Ne t'essuie pas les mains sur la nappe ! Il faut te le dire un million de fois ? C'est toi qui vas laver cette saleté de ketchup ? Patrick, t'es un vrai dégueulasse.

Mon oncle a pris un air faussement contrit, celui qui énervait tant mon père, et qui les amenait en général à des explications musclées. Les frères Mackenzie se tapaient souvent dessus. On faisait de la place. Mais ce soir-là, Patrick était plus pris par ses pensées marines que par la volonté d'en découdre. Il s'est défait de son expression volontairement sournoise et très exaspérante, puis il a lancé :

– Raconte plutôt le coup de Cadix au gamin.

– Les dauphins ?

– Si mes souvenirs sont bons, tu ne m'avais pas parlé de crocodiles.

– Dis-moi, fils, pourquoi est-ce que tu t'intéresses à cette vieille histoire ?

– Patrick a dit que c'était étonnant.

J'étais mal l'aise, mais pas à cause du fait que nous parlions à un veuf de sa femme morte. Comme je l'ai dit, mon père n'était pas triste d'une disparition provisoire. Il lui restait, à son idée, l'éternité à partager avec sa femme. Quant à moi, qui ne l'avais jamais connue, j'évitais le sujet, le chagrin et le manque l'emportant sur la curiosité. Mis à part leur rencontre, je ne savais presque rien de la vie commune – si courte – de mes parents.

Mon père a commencé son récit. Lui, parlait peu : il choisissait ses expressions, on les devinait qui s'extrayaient de la matière grise pour descendre jusqu'à la langue.

– Ta mère avait voulu un voyage de noces à Cadix, dans le sud de l'Espagne, pas très loin du détroit de Gibraltar. Tu vois où c'est ? Je vais chercher la carte…

– Voilà. Ici. Je dois t'avouer que je serais bien resté en Écosse, mais ta mère… Elle voulait l'Andalousie, elle en avait vu des photos dans un magazine, alors pas à discuter. Ça nous a coûté une fortune, et, nom d'un chien, à peine on était descendus de l'avion qu'un de ces gominés se met à baratiner ma femme pendant que je suis en train d'aller chercher la voiture de location et qu'elle s'occupe des bagages.

– Ton père revient, il lui en colle une bonne…

– Laisse-moi raconter, Patrick. Je, effectivement, je m'énerve un peu, et je donne un coup de poing au fumier.

– Qui se retrouve avec un coquard de la taille d'une assiette.

– Ah, mais tais-toi ! T'étais là ? C'est moi qui raconte. Il se trouve que le gominé est un neveu de commissaire de police, et ils commencent par vouloir nous refouler en Écosse par le premier avion. Mais ta mère parle au commissaire, et on s'en tire avec une grosse amende. J'avais passé la nuit au ballon, et ta mère seule à l'hôtel de l'aéroport de Séville. Un voyage de noces qui commençait en beauté. La moitié des économies prévues pour le séjour parties dans les poches du gominé.

– Et les dauphins ?

– On y arrive, fils. On sort de Séville, on descend sur Cadix par de jolies routes. Des noms de bleds à coucher dehors, des gens qui parlent ce que nous supposons être de l'espagnol, mais avec un accent terrifiant, une chaleur à faire cuire un œuf sur le dos de la main, qu'une journée comme aujourd'hui pour eux, ça doit être polaire. Mais l'Andalousie, c'est beau. Ça, c'est sûr. Et puis, à Cadix, l'hôtel est somptueux, avec des robinets dorés, du marbre rose dans la salle de bains, hein. Du marbre rose ! Et ta mère dit qu'on va louer un bateau pour aller faire un tour sur le bon vieil océan. Mer d'huile, parfait. On se met à la recherche de quelque chose qui flotte. On trouve un petit *boston-whaler* avec un guide à l'air malin, et nous voilà partis, comme les amoureux dans leur gondole. Je ne crois pas avoir jamais vu Mary si heureuse. Sa tête rayonnait comme une étoile de jour. Et tout à coup, paf.

– Les dauphins.

– Oh, oui ! Mais c'est peu dire ! Une mer de dauphins ! Un océan de dauphins, de l'horizon jusqu'au bord du bateau. Ils sautent, ils coupent la surface comme des torpilles. Incroyable ce qu'ils étaient rapides. Et splendides.

– Des sténelles bleu et blanc. Presque pas de doute, si je me fie à la description de ton père. Banc important, à cet endroit, et les bandes sombres sur la poitrine… Typique des sténelles. Si j'avais été là, bien sûr, je pourrais le certifier, mais c'est ce qui paraît le plus…

– La ferme, Patrick. Ian ! Ta mère et moi, nous étions… Appff. Même le guide, il en oubliait de zozoter son sabir. Et ça a duré longtemps ! Et puis d'un coup, ils sont partis. Nous sommes revenus tous les jours, mais plus de dauphins. Je me souviens de leurs yeux, quand ils passaient près du bateau. Des yeux bien malins.

– L'œil. C'est ce que j'ai vu dans mon rêve.

– Oui ? Ah, c'est évident. Ce sont bien des animaux de rêve.

Patrick est parti pour un voyage à bord du *Spirit of Stavanger*, un cargo qui faisait l'aller-retour entre Aberdeen et la Norvège. Mon père a repris l'usine – la conserverie de poissons, il n'y a pas abondance de travail à Thurso. En fait, il est assez instructif de consulter, à notre propos, les guides touristiques. Ils rivalisent de circonlocutions : « Ne mérite pas vraiment le détour », « Thurso peut être évité », « On contournera Thurso pour rejoindre le cap Wrat », « La ville ne présente pas de réel intérêt », « On peut à la rigueur y passer une nuit avant d'embarquer pour les Orcades » – ce genre de commentaires. Certains enragent, mais beaucoup y trouvent la satisfaction de cette certitude : jamais nous ne serons envahis par des hordes de touristes avec leurs bouées gonflables. Laissons le vulgaire se vautrer sur les rives du Loch Ness, acheter des kilts grotesques et des monstres en plastique.

À nous la paix.

Mais nous sommes à un endroit stratégique, celui du mélange des eaux : celles de la mer du Nord, de l'Atlantique, avec un soupçon de mer de Norvège. Pour celui qui s'intéresse aux habitants sous-marins, il y a plus mauvais lieu.

J'ai fait une razzia dans la chambre de mon oncle, où j'ai trouvé de la documentation, de la poussière et quelques cadavres de bouteilles. Son frère n'avait pas le droit d'agiter son plumeau dans le repaire de Patrick, mais ce dernier m'avait offert le privilège d'aller y ramasser ce qui pourrait être utile à mon éducation. Jamais je n'étais entré dans cette pièce en l'absence de son locataire. Au crédit des Mackenzie, et pour compenser l'avalanche de nos défauts, je peux affirmer que nous n'avons pas l'esprit fureteur. Je suis aussi allé à la bibliothèque, j'ai questionné mon professeur de sciences naturelles, j'ai traîné dans les librairies, j'ai même dépensé mon argent de poche pour un ouvrage que j'ai fait venir de

Glasgow par courrier: *Le Grand Guide des mammifères marins.*

J'ai lu *Moby Dick.* Beau livre, c'est certain, mais bourré d'inexactitudes quant à la nature et les habitudes des cétacés. Très énervant, je dois dire.

4

J'aimerais raconter qu'après de brillantes et rectilignes études je suis devenu un scientifique et que j'ai pu, ainsi, me consacrer à ma passion. Mais cela ne s'est pas exactement déroulé selon mes plans. J'ai tellement épuisé mon fanatisme des cétacés qu'il ne me restait pas de temps pour des matières (mathématiques, langues, littérature) à mes yeux toutes aussi ridicules les unes que les autres ; l'Éducation nationale ne voyant pas mes théories d'un bon œil, je me suis fait proprement éjecter du système scolaire classique. Je n'irai pas jusqu'à dire que les cris de joie de mon père ont retenti à travers le quartier, devant le constat de la nullité crasse de son fils unique. Il m'a poursuivi sur le port en me traitant d'abruti, et je ne sais quelle part – celle de Mary ou de Colin Mackenzie – était la plus véhémente.

Patrick m'a sauvé en me faisant embarquer avec lui.

J'avais seize ans.

Un voyage entre Édimbourg et La Haye, aux Pays-Bas. Transport le long de la côte est du Royaume-Uni, avec escale à Newcastle et à Norwich. Des boîtiers de matériel informatique. Un trajet de cabotage, de la rigolade, disait Patrick. Mais la mer du Nord est facétieuse. À force d'être malade en cuisine, où j'étais censé aider mon oncle, j'ai maudit la moindre goutte d'eau. Pour tout arranger, il n'était pas question de monter sur le pont.

Trop de travail, un épuisement qui me faisait me précipiter sur ma couchette dès qu'on m'en donnait l'autorisation, et des paquets de mer qui rendaient bien trop périlleux un séjour au grand air. Il ne me restait plus qu'à chercher mes beaux animaux au fond des casseroles graisseuses.

Je ne les y ai pas trouvés.

On pourrait s'étonner de ce que je ne fusse pas allé un jour dans un de ces *Marinelands*: c'était tout de même l'assurance d'en voir, pour de vrai, des dauphins ou des orques. Mais la persévérance de mes lectures m'avait empêché de faire cette énorme bêtise. L'homme s'est efforcé, depuis qu'il existe, de s'approprier la beauté et de la mettre en cage. On coupe de belles fleurs de montagne pour les dessécher entre des pages ou les laisser se flétrir dans un vase. On enferme un léopard dans un zoo. On capture les mammifères marins, pour les offrir en pâture à notre besoin de joliesse et de tendresse.

Mais que va-t-on voir, lorsqu'on visite un *Marineland*? De tristes prisonniers. Ces bêtes sont faites pour les immenses espaces des mers, on les cantonne dans des cubes de béton. Certains deviennent fous et se suicident en fonçant contre les parois de la geôle. D'autres tombent malades, car il est extrêmement compliqué de maintenir la bonne hygiène des bassins. Les petits nés en captivité se noient fréquemment ; leurs mères n'ont pas appris, comme elles le font en groupe sauvage, à aider à la survie de leur nouveau-né.

Pour un animal qu'on verra s'ébattre et enfiler des anneaux en plastique autour de son rostre, dix seront morts.

On va là-bas en visite comme on se distrairait en se promenant dans les oubliettes où périssent des misérables.

À Rome, dit-on, les naumachies offraient au peuple le spectacle de dauphins s'ébattant dans ces jeux du cirque aquatiques. À cette époque, on regardait aussi des hommes s'entr'étriper, et on y prenait du plaisir. Aujourd'hui, il n'y a plus de gladiateurs. Pourquoi les *Marinelands* existent-ils ? Pourquoi notre magnanimité est-elle si sélective ?

Je ne vais pas dans ces endroits. Je ne leur donne pas d'argent. Je n'encourage pas leur commerce. Il est heureux que, dans mon jeune âge, mes lectures m'aient appris qu'il ne faut pas payer afin d'applaudir des prisonniers.

Patrick et mon père me regardaient faire mon sac.

– N'oublie pas le répulsif.

– Hein?

– Ian, bon sang. Les moustiques.

– Oopff, bo…

– Il ne se rend pas compte. Ian! Les moustiques, là-bas, ils sont comme ça. Comme ça! Des avions. Ils te pompent un demi-litre de sang d'un coup. Ils te refilent des maladies pas croyables, et ils te laissent des boutons, on dirait des mandarines. Tu veux avoir des mandarines sur la figure?

– Sûr que tu plairas aux señoritas.

Coup bas. À dix-sept ans, on veut leur

plaire, aux señoritas. J'ai agité le flacon de lotion.

– Là ! Vous êtes contents ?

– Hé, hé !

– Hu, hu !

– Vous êtes, vous êtes…

– Ton père et ton oncle.

– Tu nous dois respect.

– Et obéisssance. C'est pas parce que monsieur va faire tout seul son premier voyage au long cours…

– … qu'il peut la ramener.

– Et n'oublie pas : par gros temps…

– Oui, oui ! Je mets mes flotteurs à chaque bras et je reste dans le petit bassin.

Mon oncle a souri. Pas mon père. La conserverie l'usait ; il n'était pourtant pas bien vieux. Je n'aimais pas l'idée de le laisser durant une si longue période. J'étais habitué aux départs de Patrick, mais pour ce qui était de mon père, mis à part les quelques courts voyages que j'avais effectués depuis un an, j'avais été collé à lui. Un pétoncle à son rocher. Plus massif que jamais, ses cheveux roux se teintant de gris, il semblait, à la mesure des ans, s'enfoncer dans la terre comme sous son propre poids.

– Je serai prudent. Trop jeune pour disparaître. Le monde a besoin de mon génie.

Le cargo géant s'appelait le *Paramaribo*. C'était aussi le nom de notre destination, la capitale du Suriname. Nous partions de Porto, au Portugal. Courte escale à Funchal – Madère –, puis immense diagonale à travers l'Atlantique nord. Cette fois, du sérieux pour le jeune Ian Mackenzie.

Le temps était exécrable, une fois encore. Il semblait que j'étais victime d'une malédiction voulant que, chaque fois que je mettais le pied sur un pont de bateau, les nuages se précipitaient au-dessus de nous, les vagues se creusaient, et le vent faisait s'envoler les bonnets collant aux cheveux les plus poisseux.

Nous avons donc quitté Porto dans les remous d'écume, courant – ceux qui le pouvaient – nous mettre à l'abri des soufflets salés de la sortie du port dans le ventre du cargo. Pour rejoindre Funchal depuis le Portugal, on ne passe pas très loin du détroit de Gibraltar; j'ai pensé à mes parents et à leurs horizons de dauphins, mais quand nous avons doublé Sagres, le Finistère du Portugal, nous courions dans des creux de dix mètres et la pluie, se mêlant aux embruns, empêchait de voir à plus d'une encablure. J'étais malade à en crever, la moitié de l'équipage également. D'ordinaire, même par gros temps, j'avais pris l'habitude de résister comme je pouvais au mal de mer, accumulant les trucs plus ou moins efficaces que mes camarades de voyage préconisaient. Entre Plymouth et La Corogne, je m'étais forcé à manger, et ç'avait eu, contre toute attente, des résultats plutôt heureux. À Kristiansand, attendant le retour vers Édimbourg, je m'étais fait percer l'oreille pour y glisser une petite boule de cuivre, souveraine selon le vieux gars m'accompagnant dans la boutique du tatoueur. De retour à bord, j'avais été assassiné par Patrick. Quant à mon père, il avait déclaré, d'un ton paisible qui n'était aucunement rassurant, que la perte de mon lobe risquait de rendre mon visage moins attrayant. J'avais abandonné la boule de cuivre ; sagesse est gage de longue vie.

Le plus efficace, en cas de tangage excessif, demeurait un bon vieux médicament antispasmodique. Mais je suis rasséréné lorsque, interrogé sur ses traversées, un voileux dur à cuire avoue avoir été malade. Et devant ceux que les vagues les plus formées laissent de marbre, je hausse les épaules. Ils ne le sauront jamais : à l'instar du fou qui se tape sur la tête avec son marteau, ça fait tellement de bien quand ça s'arrête, le mal de mer.

Depuis onze mois que je naviguais, deux fois seulement j'avais vu des cétacés : au large de Bergen, trois marsouins communs, à la tête courte, au dos gris foncé et au ventre blanc, cousins de ceux qu'enfant j'avais vus noyés sur la berge. À peine aperçus, déjà enfoncés dans une lame traversière. Et surtout, près de Thurso, un hyperoodon du Nord. Une espèce rare, disaient Patrick et mes livres. C'était mon oncle, m'accompagnant, qui l'avait identifié de manière formelle, grâce au gris-vert caractéristique du dos. Une baleine. Pas des plus énormes, mais une baleine enfin. Après qu'elle eut été surchassée par nous, les Écossais, et par les Islandais et les Norvégiens, on en rencontrait peu. C'était une découverte bien plus sensationnelle que mes trois marsouins, du fait de sa rareté, mais j'en ai été moins ému. La faute de mon rêve, je crois. Il n'y était pas question de bête aussi grosse.

5

Cela ne pouvait durer éternellement; la malédiction a cessé à la latitude du tropique du Cancer. Calme plat. Sur un voilier, c'eût été une catastrophe, car il n'y avait plus la moindre brise. Mais pour la majorité de l'équipage et pour moi, ça rendait les choses plus agréables, et le navire était moins contraint. Je m'étais fait un copain de traversée, qui n'était pas beaucoup plus âgé que moi – il devait avoir vingt ans, il s'appelait Linus et il était hollandais. Pour parler franc, je n'avais jamais beaucoup aimé les Hollandais. Surtout depuis que je cabotais autour de la mer du Nord. Évidemment, on les y rencontrait dans des tas de ports, et on les reconnaissait facilement à leur langue effrayante ; je me disais, et Patrick était d'accord avec moi, que ce peuple avait dû commettre un péché vraiment horrible pour que Dieu l'ait affligé de pareilles sonorités, qui auraient fait passer un grincement de poulie rouillée pour un chant de sirène. Et puis on se battait beaucoup avec eux, dans les bars. Allez savoir pourquoi, quand on trouvait du Hollandais dans un coin, ça se terminait presque toujours à coups de pied.

Et de ces gars, on peut dire ce que l'on veut, sauf qu'ils sont petits et fluets. Il y en a qui appellent la Hollande le pays des géants.

Moi, j'aurais dit le pays des emmerdeurs, et j'avais cette idée bien gravée dans la caboche quand j'ai fait la connaissance de Linus. Une rencontre un peu forcée, puisqu'il était comme moi, l'un des assistants de cuisine, et qu'on nous avait mis à la plonge ensemble dès le premier soir. Quand il m'a dit, dans un anglais plutôt correct – mais ils parlent souvent anglais, les Hollandais, je crois qu'ils l'étudient sérieusement à l'école –, quand il m'a sorti qu'il était hollandais, j'ai cherché quel endroit me paraissait être le plus favorable à un marron, et je me suis dit que sa pomme d'Adam proéminente ferait une cible parfaite. Je pourrais tout juste l'atteindre, parce que, comme de bien entendu, ce type mesurait trente centimètres de plus que moi. Une sorte de manche à balai, ou plutôt non : un balai entier, posé sur son manche, avec un paquet de cheveux jaunes, tout en haut.

J'en étais à me dire que les rotules, c'était aussi un point faible, ou en dernière extrémité les bijoux de famille, quand Linus m'a dit qu'il aimait beaucoup l'Écosse. Cette amabilité, ça m'a paru suspect de la part d'un Hollandais, je me suis dit qu'il voulait me le faire à la ruse pour pouvoir frapper le premier, mais quand il a commencé à me parler du théâtre d'Édimbourg, ça m'a scié. Parce que même moi je n'y avais pas mis les pieds. Un Mackenzie au théâtre. Pourquoi pas un poulpe sur la banquise.

Le théâtre d'Édimbourg, le cap Wrath, il m'a sorti une litanie, alors au bout d'un moment, j'ai demandé :

– Et Thurso ?

– Thurso ? J'ai vu aussi. Pas terrible, Thurso, m'a-t-il répondu.

– Dommage. Je viens de là.

Il est devenu rouge comme une cabine téléphonique, et là, j'ai su que c'était un vrai gars gentil.

C'est ce qu'il y a de bien avec les voyages, surtout quand on est confiné avec des types qu'on n'a pas choisis : ça force à s'ouvrir l'esprit, sans cela on devient tellement hargneux qu'on s'en étouffe tout seul.

Un matin nous étions là, Linus et moi, à regarder l'océan où nous étions bien perdus, et à parler de filles en nous demandant comment elles étaient au Suriname, quand les dauphins se sont montrés. Je ne savais pas ce qu'ils étaient ; des communs, des delphis, je pensais, mais ils évoluaient trop loin. J'ai juste cru voir le noir autour de leurs yeux. En revanche, ils étaient nombreux. Pas autant qu'autour de mes parents au large de Cadix, mais une bonne cinquantaine, au moins.

– Ça porte bonheur, a dit Linus.

– Mieux que ça. Mieux que ça !

Un des dauphins a fait une sorte de saut périlleux arrière, en même temps qu'un autre bondissait normalement, en sens inverse. J'en suis devenu marteau, j'étais prêt à me jeter à l'eau.

– Des jumelles. Me faut des jumelles !

Mais elles étaient dans ma cabine, c'est-à-dire à cinq bonnes minutes, le temps de faire l'aller-retour. Nous étions sur un très gros cargo. Je suis donc resté là à plisser les yeux, à tirer ensuite sur le coin de mes paupières, pas pour faire le Chinois, mais pour essayer de gagner un petit dixième de plus. Et les dauphins sont partis.

Linus a tapé dans le guindeau.

– Ce qui est une bonne chose, c'est que les filles, au Suriname, elles parlent néerlandais.

Je me suis tourné vers lui comme s'il s'était mis à danser le pogo contre une manche à vent.

– Mais… qu'est-ce… qu'est-ce que tu viens me raconter, avec tes filles ? T'as pas vu ?

– Ouais, bon. Des dauphins.

Je lui ai posé la main sur l'épaule, ce qui m'a obligé à lever le bras, comme ils le font pour saluer les empereurs romains, dans les vieux films.

– Linus. Tu me fais beaucoup de peine. Mon pauvre Linus.

– C'est toi qui es pauvre. Un fou qui préfère les bêtes aux humains, on dirait. Les filles, quand même…

– Tu peux garder un secret ?

– Bien sûr, oui.

– Des gens, même des filles, qui parlent néerlandais, ils peuvent pas être tout à fait humains. Je préfère les « couic-couic » de Flipper.

Le lendemain, ils sont revenus, plus proches du *Paramaribo*. Il s'agissait bien de dauphins communs. J'imagine que c'était le même groupe, mais je n'en étais pas certain. Il faut du temps pour apprendre à distinguer les individus, chez les cétacés.

On dit que, pour les Blancs, les Noirs sont tous semblables.

On dit que l'inverse est vrai. Et ce doit être la même chose entre les Asiatiques et les aborigènes australiens. Pourtant, nous sommes humains. Il n'y a donc rien d'étonnant à ce qu'il faille du temps pour caractériser, un par un, des animaux de la même espèce, du même ordre et de la même famille.

Pour les cétacés, c'est la queue et surtout l'aileron dorsal. Ils sont différents chez chaque individu. Ça, c'est quand on les voit depuis la surface. Si on peut apercevoir leurs corps entiers, il y a les différences de taille, et la disposition des couleurs qui varie comme sur le pelage des chiens, des chats.

Chez les dauphins communs de ce jour-là, il y en avait un qui se montrait plus audacieux et plus fou-fou que les autres. Un premier réflexe, qui serait sans doute propre à ceux qui ne connaissent pas ces animaux, m'a fait penser que ce devait être le chef. Et puis je me suis souvenu de mes lectures, qui m'avaient appris que c'était beaucoup, beaucoup plus compliqué que cela, que les rôles au sein d'un groupe sont difficiles à étudier.

Parce que nous ne pensons pas comme eux, et que nous pouvons nous tromper complètement. Les cétacés parlent autant avec les mouvements de leur corps qu'avec leurs « clic », leurs gazouillis, leurs cris, ou leurs grincements. Ils communiquent entre eux en formant des figures dans l'eau, ou en sautant. Ce qui semble un jeu n'en est pas toujours un. Parfois, si.

Celui qui nous faisait son numéro avait une peau très claire.

Il pouvait avancer beaucoup plus vite que notre cargo. Infiniment plus vite. Je me suis souvenu de l'émerveillement de mon père lorsqu'il parlait des sténelles qui filaient comme des torpilles.

On a du mal à croire qu'un animal puisse fendre la surface avec une telle vélocité.

Les gars des cuisines sont venus me dire que j'avais dépassé ma pause d'un quart d'heure. J'ai fouillé mes poches, et tendu sept dollars au bonhomme que j'étais censé remplacer, en lui disant que j'allais arriver. Je crois que sur le moment j'aurais donné tout mon argent pour rester à regarder monsieur Peau claire. Une demi-heure, a dit le gars en empochant les billets.

– Oui. C'est ça.

À peine avait-il tourné les talons que les dauphins ont disparu.

Quelle bonne blague. J'ai passé trente minutes à me crever les yeux sur une surface étale et scintillante, jusqu'à me coller mal à la tête.

Ils sont revenus trois jours durant. Monsieur Peau claire redoublait d'acrobaties; une espèce de fixation me poussait parfois à croire qu'il les accomplissait pour moi. Les passions donnent de drôles d'idées.

Souvent j'étais obligé d'abandonner les dauphins et d'aller travailler. Je ne pouvais tout de même pas dépenser mon pécule entier pour rester à regarder mes elfes. Qu'on me considérât comme un pauvre gamin un peu dérangé, parmi les membres de l'équipage, je m'en moquais. Mais j'avais besoin d'argent, surtout lorsque nous arriverions au Suriname. J'avais en tête d'y dépenser utilement l'argent gagné à récurer casseroles et vaisselle.

Au quatrième jour, ils ont disparu. Linus a recommencé à me parler des filles de Paramaribo. Ça le travaillait, ce gars. Pour qu'il arrête de baver comme un bouledogue et pour apprendre quelque chose, je lui ai demandé comment ça se faisait, que dans un coin pareil, juste au-dessus du Brésil, on parlait néerlandais.

Il m'a dit que le pays avait été une colonie hollandaise jusqu'en 1975. Il en était tout fier, le Linus. Moi, je n'ai rien dit mais j'étais un peu chiffonné. Nous, les Écossais, à cause de l'Angleterre qui nous chatouille depuis maintenant mille cinq cents ans, et des bonnes vieilles batailles sanglantes qui ont émaillé le parcours, nous n'éprouvons pas une passion exagérée pour ce mot, « colonie ». Même si je dois à l'honnêteté de reconnaître que nous avons pris notre part dans le massacre des Indiens en Amérique du Nord, et celui des natifs d'Australie. Quoi qu'il en soit, cette notion de colonisation, fierté ancestrale du Royaume-Uni, n'avait pas cours chez les Mackenzie. Chacun maître chez soi, disait mon père. Je voudrais bien voir qu'un Zoulou vienne s'installer dans le jardin. Alors je ne sais pas pourquoi j'irais l'embêter dans son pays.

6

Nous sommes arrivés au Suriname. Mon idée, c'était le boto.

Le dauphin rose d'Amazonie.

Le cargo devait rester à Paramaribo pour trois semaines d'escale, puis nous repartirions en direction de Bilbao, au Pays basque espagnol. En trois semaines, il y aurait de quoi faire. Je savais que mon dauphin rose se rencontrait dans le Pays des mille rivières, c'est-à-dire dans les eaux saumâtres ou franchement douces des grands fleuves, comme l'Amazone ou l'Orénoque ; parfois, à plus de trois mille kilomètres à l'intérieur des terres, en direction des Andes.

Un dauphin rose. Imaginez un peu. Patrick en ferait une hernie.

Mais ce qu'il y a, c'est que les distances en ces endroits-là, en Amazonie ou dans ses parages, ne sont pas celles de l'intérieur de l'Écosse. Pas tout à fait.

À peine étions-nous arrivés dans cette grande ville qu'est Paramaribo, Linus et moi, nous serrant l'un contre l'autre comme des poussins qui ont perdu leur mère mais nous efforçant d'avoir l'air dégagé, que nous avions été déboussolés. C'est que, au lieu d'une population à peu près homogène comme nous nous y attendions, se côtoyaient des Créoles, des Japonais, des Bushnegroes, des Chinois, des Indiens, et on a beau être habitué au cosmopolitisme des ports, il y avait de quoi être étourdi.

Et si les gens de la douane et des autorités portuaires parlaient bien la langue de Linus, quelques-uns anglais aussi, merci, le reste était un cauchemar d'Écossais. Il y avait des gars, et des filles, et des vieux et une tripotée de mômes qui ferraillaient en chinois, en javanais, en sarnami, en sranang tongo, en hindi. Beaucoup braillaient comme si on leur avait versé de l'huile bouillante dans le col, mais je suppose que c'était juste leur façon de communiquer. Le pub le plus déchaîné un samedi soir à Thurso prenait des allures de club de dominos pour vieilles dames, à côté.

Il y avait aussi un tas de jolies filles – les pays où les ethnies sont mélangées donnent de beaux fruits –, mais Linus faisait moins le malin qu'à bord. C'est que ces demoiselles donnaient l'impression qu'elles allaient vous prendre, vous tordre comme une serviette mouillée pour extraire tout ce qu'il y aurait d'intéressant chez vous, depuis l'argent jusqu'à la montre, et pourquoi pas le caleçon.

Je pensais tenter ma chance dans les eaux du Maroni, qui marque la frontière entre le Suriname et la Guyane française. On disait, à ce que j'avais lu, que des botos y nageaient. À cause de sa couleur, ce dauphin rose – couleur peau – a suscité de jolies légendes. Il est dit au Brésil que la créature sort parfois de l'eau pour séduire les jeunes filles, et qu'elle leur fait des bébés. On reconnaît les enfants du boto à ce qu'ils ont toujours les pieds mouillés.

– Non, mon ami. Je m'en fiche, de tes bêtes roses. Moi, je veux...

– Ouais. Soi-disant des filles, sauf que t'es même pas capable d'en regarder une sans te mettre à trembler comme un type en pleine crise de paludisme.

Linus a marmonné une insulte dans sa langue. Je savais bien que c'était une insulte.

– Linus, le Casanova de l'équateur !

Il a encore grommelé, et je me suis rendu compte que mes piques venaient du fait que j'avais peur de m'aventurer seul dans ce pays ; j'eusse bien voulu être accompagné. Mais je n'avais aucune raison d'entraîner Linus dans une aventure qui n'était pas la sienne.

– Laisse tomber. Je suis con.

– Ça, oui.

– Mais moi au moins, j'ai pas l'air d'un balai.

– Espèce de sale nabot rouquin. J'espère qu'elle va te bouffer, ta chose rose. Ou plutôt non. Essaie de revenir entier ou je n'aurai personne à bord dont je puisse me moquer quand on retournera en Europe.

Je l'ai laissé et je me suis mis en quête d'un moyen de transport.

Le Suriname, pour un Écossais, c'est un peu comme l'Ouganda pour un ours blanc. Il faisait si chaud et humide que j'avais, en permanence, l'impression de me trimballer dans un hammam. Le car que j'avais trouvé, et qui devait parcourir les deux cents kilomètres qui séparent Paramaribo de l'embouchure du Maroni, n'était pas exactement climatisé. S'y trouvaient en grande majorité des types étranges avec des visages d'Extrême-Orientaux, mais à la peau noire. Quant à la langue, elle m'a rabattu mon caquet. On trouvait pire que le néerlandais, en définitive. C'est ce que je me suis dit pendant la première heure de trajet en les entendant qui échangeaient des « glock-glock », des « tickl-tickl », des onomatopées étranges interrompues par un long mot de temps à autre. «Nimanglaougarapudi» : il y en avait un qui donnait ça, de mot ou de nom, sauf que je ne peux reproduire l'accent, et puis je n'ai jamais su de quelle langue il s'agissait. Mais j'ai retenu : « nimanglaougarapudi ».

Certains de ces types avaient des chapeaux vraiment bizarres qui ressemblaient à des cloches de paille, et j'ai pensé qu'ils auraient aussi bien pu crier « ding-dong, ding-dong » au lieu de baragouiner. Du coup j'ai commencé à rigoler tout seul, comme un maboul. Le bonhomme assis à côté de moi – justement un de ces Asiatiques à peau noire avec le chapeau cloche – m'a regardé et puis il s'est mis à rire aussi, et tout le car lui a emboîté le pas. Ha, ha, ha.

Je n'étais pas à l'aise parce que, en définitive ces gens avaient l'air aimable. Je me demande quelle aurait été leur réaction s'ils avaient connu la raison de mon hilarité. Peut-être qu'ils auraient ri encore plus. Et sans doute est-ce à ce moment-là que j'ai compris que si les cétacés étaient ma grande préoccupation, cela n'avait rien d'une mauvaise chose, mais que si j'ignorais les habitants des pays que je visitais, ou si je les méprisais, en ne pensant qu'aux animaux, je ne serais qu'un pauvre minable. Quand on visite un pays, on est un peu l'invité des natifs. Et lorsque vous prenez le thé chez vos hôtes, vous ne pissez pas sur leur tapis.

Deux cents kilomètres, c'est de la gnognotte, vu sous un angle occidental. Mais le moteur de ce car du Suriname n'avait rien d'occidental dans ses manières. On devait s'arrêter tous les quarts d'heure pour remplir le radiateur. Sinon, boum, m'avait dit le chauffeur dans son anglais spécial. Nous avons donc mis six heures à parcourir le trajet jusqu'à une ville nommée Morengo. J'ai dit au revoir aux Ding-Dong brothers, lesquels ont encore un peu ri par courtoisie, et j'ai cherché un endroit où je puisse loger, parce que la nuit tombait. Sans que la chaleur diminuât.

J'étais trempé comme s'il avait plu.

Les hôtels de Morengo ne sont pas chers. J'ai trouvé une chambre dans une sorte de grande baraque de bois peinte couleur saumon. Une forme et des teintes qu'on n'imagine pas ailleurs que dans un dessin d'enfant. Et la patronne parlait anglais, plutôt bien, avec un accent du Dorset, ce qui dans cet endroit avait un je-ne-sais-quoi de presque inquiétant. C'était une grosse femme, très grosse, qui, elle, avait la peau jaune mais des traits de Noire. Je lui ai demandé si elle connaissait les dauphins roses. S'il y en avait dans le fleuve juste à côté. Il y en a énormément, a-t-elle répondu. Sa bouche minuscule était perdue entre ses joues.

– Énormément ?

– Oui.

– Ah bon ? Ah bon ? Ah bon ?

– On peut même vous en servir à table, si vous restez quelques jours.

Ça a bien coupé mon enthousiasme. Cette femme avait un visage impénétrable et j'étais incapable de savoir si elle plaisantait ou non. À sa moue sévère, j'ai cru comprendre que ce n'était pas le cas. Mais elle était un peu trop impressionnante pour que je me mette à rouspéter. Du genre à me transformer en crêpe si elle décidait de s'asseoir sur moi.

– Vous... vous mangez du boto ?

– Ce sont les Brésiliens qui l'appellent comme ça. Nous, on dit juste le dauphin rose. Celui qui est bon à manger.

– Comment avez-vous appris à parler aussi parfaitement ma langue ?

Elle a balancé la main par-dessus son épaule ; il y avait là quelque chose à voir avec des amours déçues. Ma question n'avait pas dû lui faire plaisir, puisqu'elle a repris, en me fixant de ses yeux noirs :

– C'est délicieux, le boto.

À grands pas, je suis allé me réfugier dans ma chambre.

Je n'ai pas dormi de la nuit. Juste devant l'hôtel, il y a eu une bagarre d'ivrognes, qui a dégénéré en bataille rangée. Une armada de pochtrons qui se tapaient dessus à coups de bouteille.

Ensuite des uniformes sont arrivés – police, armée ? –, et on a tiré des coups de feu en l'air, avec assez d'imprécision pour que je décide de m'éloigner de la fenêtre de ma chambre.

Au matin, j'étais lessivé, mais le café de l'hôtel, délicieux, m'a sorti de ma torpeur. La grosse femme n'était pas là, mais un petit homme marron, en short jaune et débardeur aux couleurs du drapeau de la Jamaïque. Son buste et ses bras étaient très musclés, mais ses jambes grêles et ses pieds tordus, dans des tongs qui claquaient sur le parquet de la salle à manger. Lui ne parlait pas anglais. Je suis remonté faire mon sac, j'ai payé ma chambre et j'ai marché un moment pour arriver jusqu'au bord du Maroni. Dee, Teed, Tamise sont des ruisseaux à côté de ce fleuve-là. Je crois que c'est le genre d'endroit qu'il est utile de visiter pour mesurer sa propre insignifiance. Des spectacles qui vous font parfaitement comprendre que vous êtes une fourmi.

Ces fleuves sont des mers qui courent à travers les terres.

Et là, dans les remous, en amont ou en aval, nageaient mes dauphins roses.

7

Un homme m'a parlé en français. Je n'ai bien entendu rien compris, sauf « monsieur Mackenzie, monsieur Mackenzie ».

Je n'arrivais pas à ouvrir les yeux, ou plutôt si, mais un poids, un objet frottait contre mes paupières, faisant obstacle à la lumière ; j'ai essayé de le soulever, et c'est ainsi que je me suis rendu compte que mes mains étaient entravées, de chaque côté de mon corps allongé. J'ai tout de suite pensé qu'on m'avait enlevé. Qu'un gang de Français m'avait kidnappé pour demander une rançon. Étant donné l'opulence de la famille Mackenzie, ces demeurés allaient être déçus.

– Bande de fumiers de salopards de maudits trous du cul, enlevez-moi cette cagoule, que je puisse voir vos gueules de faux jetons. Et détachez-moi.

Le même homme a encore dit des trucs en français, puis il est parti ; j'ai entendu ses pas décroître dans ce qui, au son, m'a paru être un couloir. Chiens de Français. Rien de bon à attendre d'un peuple qui mange des grenouilles et des escargots. J'ai un peu gigoté sur ma couche, mais très vite ma tête a tourné et j'ai senti, à la nausée qui arrivait, que j'avais intérêt à me tenir tranquille. J'ai dû m'endormir un court instant – ce qui, du moins, m'a semblé être un court instant – puis une voix de femme s'est élevée, tout près de mon oreille. De l'anglais, avec un fort accent français, mais de l'anglais, merci, enfin.

– Monsieur Mackenzie ? Vous m'entendez ?

– Oui. Beuglez encore un peu plus près, si vous voulez être sûre de me crever le tympan.

– Oh, je vous prie de m'excuser.

– Pas la peine de sortir le pot de miel, les sournois. Vous n'aurez pas un sou.

– Je vous demande pardon ?

– Pas un sou. Je vous ferai remarquer, au cas où vous seriez trop stupide ou ignorante pour ça, que j'ai un nom écossais. Vous voyez ce que je veux dire ? Bonne chance pour nous tirer un penny.

La femme a parlé en français avec deux autres types, un baryton, celui que j'avais entendu lorsque je m'étais réveillé, et une voix plus jeune.

– Ah, ah ! Pas un sou !

Il y a eu un long silence, qui m'a paru plus embarrassé qu'hostile, puis la femme est revenue vers moi et m'a demandé d'où j'arrivais, si j'avais des parents, des frères et sœurs, quel âge j'avais, quatre ou cinq choses dans ce genre.

Je n'ai rien répondu d'autre que je n'étais pas cinglé, si c'était ce qu'ils essayaient de me faire croire.

– Monsieur Mackenzie, vous ne comprenez pas. Vous êtes à l'hôpital, à Saint-Laurent-du-Maroni, m'a alors dit la femme. Nous pensons que vous avez été attaqué. Est-ce que vous vous rappelez quelque chose ?

La mémoire est fantasque : à cette simple question, tout m'est revenu d'un bloc.

À peu près à la hauteur de Morengo, sur l'embarcadère d'une sorte de petit port de bois, j'avais trouvé trois hommes, deux Indiens et un Blanc aux cheveux si clairs qu'il en paraissait presque albinos. Ce dernier parlait un peu anglais, assez pour comprendre que je désirais les accompagner ; ils allaient remonter le fleuve vers l'intérieur des terres, dans un bateau aux allures de pirogue à fond plat.

– Pourquoi vous vouloir viens avec nous ?

– Pour les dauphins roses.

– Oui, il y a.

Je m'étais retenu d'improviser une danse sur le ponton.

– Il y a, mais c'est vingt dollars pour monter, et on lâche vous deux heures en amont, dans un village. Vous débrouillez pour rentrer.

– D'accord. Je m'appelle Ian Mackenzie.

L'homme avait hésité une seconde, une petite seconde avant de me dire son nom, et c'est cela, je crois, qui eût dû me rendre méfiant. Mais j'étais le roi des pigeons.

– Willem Van Heyck. Et eux, c'est Ahumi et Noao.

Les Indiens, occupés à attacher des colis au bat-flanc du bateau, n'avaient même pas levé la tête.

Nous étions sur le fleuve depuis une demi-heure, et je me trouvais penché à scruter les eaux limoneuses, lorsque j'avais reçu le coup.

– Ils ont sans doute utilisé une machette. La coupure est très longue et profonde, sur votre tempe. Le docteur Grander dit que c'est une chance que votre nerf optique n'ait pas été touché. Cependant, vous avez eu les yeux un peu abîmés par de l'essence. Ils ont dû vous fouiller à bord du bateau, et votre visage devait baigner dans une petite flaque de carburant. Mais vous verrez normalement. Et il n'y a pas d'autre lésion.

– Pourquoi j'ai les mains attachées ?

– Pour que vous n'arrachiez pas votre pansement. Mais nous pouvons vous détacher pendant vos heures de veille. Le risque, c'est que vous l'ôtiez en dormant ; vous avez d'ailleurs le sommeil agité, ce qui est normal après une aventure pareille.

– Qu'est-ce qui me prouve que vous ne me racontez pas n'importe quoi ?

– Je peux vous faire une piqûre, pour vous prouver que je suis infirmière.

– Hmm… On aime rire, pas vrai ? Si je comprends bien, je suis du côté français du Maroni. En Guyane française. C'est ça ?

– Un pêcheur vous a trouvé emberlificoté dans un radeau de bois flottant. On vous avait jeté à l'eau. Vous avez eu une chance extraordinaire, monsieur Mackenzie.

– À moitié décapité, et on m'a tout volé. C'est vrai que j'en connais un paquet qui voudraient être à ma place. Hé, attendez. Comment vous savez mon nom ?

– On a trouvé une feuille d'embarquement dans la poche de votre pantalon. Nous avons prévenu votre armateur. Et puis votre consulat. Je pense qu'ils viendront vous voir. Mais vous en avez pour un bout de temps avant de pouvoir bouger d'ici.

– Comment vous vous appelez ?

– Claire.

– Vous avez quel âge ?

– On ne pose pas cette question à une femme.

– Bon, euh, Claire, comment on s'y prend pour faire pipi ?

– Je vous apporte ça tout de suite.

Deux jours après mon réveil, on m'a enlevé le pansement-bandeau.

C'est douloureux, la renaissance à la lumière. Claire était plutôt jolie, petite et nerveuse, les gestes vifs, pas du tout le physique que je lui avais imaginé depuis mon obscurité. Quant à moi, le soi-disant Van Heyck et ses copains ne m'avaient pas raté. La balafre recousue était impressionnante, courant de la racine des cheveux au milieu de ma joue. Cinquante-sept points de suture.

Cela changeait totalement mon visage, et le vieillissait.

Il s'est passé une drôle de chose ce jour-là. Après que le docteur Grander et son assistant eurent bien observé leur travail et déclaré que ç'avait été fait au mieux, que le risque d'infection était écarté, après s'être félicités de la précision de leur couture (le tout traduit par mon infirmière, et ils commençaient à m'échauffer les oreilles, les deux gaillards, se renvoyant des compliments comme des mémères qui vanteraient les mérites de leurs broderies au point de croix), après qu'ils eurent enfin mis les voiles dans un bruissement d'autosatisfaction, je suis resté seul avec Claire. Elle s'est penchée comme pour arranger mon oreiller, puis elle a brusquement tourné la tête et m'a embrassé au coin de la bouche. Avant que j'aie eu le temps de me ressaisir, elle s'est éloignée du lit, et a mis ses mains sur les hanches.

– Vous avez l'air d'un pirate. J'adore les pirates. Et vous êtes tout le temps grognon. C'est tellement mignon.

Elle a agité les doigts, comme on le fait au-dessus d'un berceau, avec un de ces nourrissons baveux. Satanée Française. Si seulement elle avait été un peu moins jolie. J'étais ferré comme une ablette.

Patrick se trouvait quelque part en mer, et impossible d'avoir mon père au téléphone. Cela m'inquiétait vraiment. Je faisais et refaisais mes calculs de décalage horaire, et après avoir appelé plusieurs fois entre une et quatre heures du matin (heure écossaise), j'en suis arrivé à la conclusion qu'il était arrivé quelque chose à mon père. Il ne découchait jamais.

J'ai reçu la visite d'un représentant de l'armateur, et celle d'un gars du consulat du Royaume-Uni. À celui-ci, j'ai demandé qu'on prévienne d'urgence les autorités de Thurso, afin qu'elles aillent voir ce qui se passait chez nous. J'ai eu la réponse le lendemain : la maison était fermée, volets tirés. Les autorités avaient emprunté la clé que nous laissons toujours à Rose Dunderry, notre vieille voisine. Tout était en ordre, le gaz et l'électricité coupés. Enfin, les gars de Thurso avaient eu l'esprit de se rendre à la conserverie. Mon père avait demandé dix jours de congé – ce qui était plus qu'inhabituel – mais il n'avait pas dit où il allait. Belle panade.

Au soir, Claire me rendait visite, et pas histoire de jouer aux dominos, mais les Mackenzie sont des gentlemen, qu'on ne compte pas sur moi pour les détails. En fait, cette Française était si gaie et, je ne sais pas, si française, j'imagine, qu'elle a réussi à délayer un peu mon angoisse. À force de me répéter en riant que tout allait s'arranger et de m'enjôler avec des caresses scandaleuses, elle a fait de moi une sorte d'esclave servile ; je ne me reconnaissais pas. Qu'on ne se fasse pas d'elle l'idée d'une espèce de mijaurée au cerveau rabougri : Claire était très maligne. Simplement, elle regardait l'existence d'une façon différente de ce que j'avais connu jusqu'alors. Elle m'a appris, en quelques jours, les vertus d'une légèreté toute féminine, et même si j'étais incapable de la mettre en pratique à mon propre compte, j'ai bien vu que cette manière d'être lui rendait la vie plus belle, à ma Française. Du genre à se dire, après qu'on lui a coupé une jambe : chic, quelle bonne occasion pour apprendre à sauter à cloche-pied.

J'ai aussi révisé ma façon de regarder les Français en général. C'est comme ça: pour peu qu'on ait un brin de jugeote, lorsqu'on apprend à connaître un peuple, il devient difficile de le considérer avec une distance hautaine. Madame le vaniteux docteur Grander avait des côtés sympathiques.

Claire était en Guyane depuis trois ans. Elle n'y avait vu aucun dauphin rose.

– Et pas d'éléphant non plus, mon vieux pirate.

– Arrête de me faire rire, c'est mauvais pour ma coupure.

8

– Un mois et demi de salaire, rien qu'avec le billet. Maudit gamin. Dauphins roses ! Ah là là !

– Euh…

– Et qu'est-ce que tu dirais de mon pied dans tes fesses roses ?

– Hum…

Mon père ne tenait pas en place sur la chaise qu'il avait tirée près de mon lit ; il déambulait dans la chambre en gesticulant.

– Édimbourg-Paris, Paris-Cayenne, et quatre heures de maudite route avec une chaleur à vous transformer en dinde de Noël prête à servir, par-dessus le marché.

– Tu dois être fatigué.

Hélas, il n'avait pas l'air fatigué du tout. Remonté comme un coucou suisse.

– On laisse monsieur faire un voyage seul, un, et il court se fêter dans les bras d'une bande d'égorgeurs qui le découpent en tranches de bacon. Tête de morue.

Il y avait eu un cafouillage de la part du consulat. Un de ses employés avait prévenu Thurso par téléphone, sans que les autres fussent au courant de l'initiative. Si bien que mon père avait pris l'avion en catastrophe, ne donnant de raison à personne, aussi peu loquace que d'habitude.

Prenant mon petit déjeuner, je l'avais vu surgir, dépenaillé, une valise à la main, la figure écarlate à cause de la canicule, de l'énervement. Il avait poussé un rugissement de hyène en apercevant ma cicatrice.

– Bon. Morue ou bacon ? Ce n'est pas la même…

– Tu veux une baffe ?

– Un Mackenzie ne frapperait pas un blessé.

– Tu vas voir ça. Tu vas te prendre une de ces…

C'est à ce moment que Claire est entrée. On connaît le docteur Jekyll et son horrible double, mister Hyde. Ils se remplacent l'un l'autre, au gré des circonstances. Mais ce qui s'est produit chez mon père a été autrement spectaculaire ; les deux faces de sa personnalité se sont divisées instantanément. L'œil gauche me poursuivait de son courroux, le bras correspondant s'agitait en de nerveuses convulsions. L'œil droit s'était fait langoureux et ce côté de la mâchoire s'était détendu.

Colin Mackenzie, devenu une sorte de médaillon : face, l'ire et la fulmination ; pile, le vautour séducteur des films de Tex Avery.

Un spectacle particulièrement effrayant, mais Claire devait y être habituée, parce qu'elle a tendu la main avec une énergique franchise de girl-scout.

– Vous devez être le père de Ian.

J'ai trouvé son expression innocente révoltante d'hypocrisie. Et puis j'étais étonné, parce que, enfin, depuis que je le connaissais, c'était bien la première fois que je surprenais mon père à se troubler devant une femme. D'autant que celle-ci avait l'âge d'être sa fille. Claire a fait semblant d'arranger le lit, puis elle s'est dirigée vers la porte de la chambre, et lorsque mon père s'est retourné vers moi, elle m'a fait, depuis le couloir, un geste qui a provoqué une hausse subite de température.

Mon père a tiré sa chaise plus près du lit. Mary – qu'est-ce que cette fille veut à mon fils, oh, si, je sens bien qu'il y a quelque chose – et Colin – dis donc, fiston, ils t'ont collé une sacrée beauté, ces Français – se combattaient avec une rare énergie. Ma mère, cela n'étonnera personne, a pris le dessus.

– Qu'est-ce que c'est que cette fille ?

– C'est mon infirmière.

– Ton infirmière. Ton infirmière ?

– Une infirmière, quoi.

– Oui, oui. Je vois.

« C'est ma première femme. C'est mon lutin. » Voilà ce que j'eusse voulu dire à mon père. Mais Colin Mackenzie et sa locataire n'étaient pas de ceux auxquels on raconte ces choses. À quoi bon d'ailleurs ? Ils savaient.

Chez les personnes qui ont une grande énergie vitale, les gens qu'on dit solaires, il est parfois difficile de faire la part de l'irréductible gaieté et de l'égoïsme. Ainsi je n'ai pas su si Claire était triste de mon départ. Elle m'a dit au revoir comme si nous devions nous retrouver le lendemain, alors que nous savions qu'il était peu probable que nous nous reverrions un jour.

– C'est égal, a dit mon père tandis que nous roulions vers l'aéroport de Cayenne-Matoury dans un minibus qui sentait le curry, je ne crois pas avoir vu d'aussi jolie fille depuis bien des années. À Thurso, elle provoquerait une émeute. Les gars du port se battraient à coups de gaffe.

Thurso. J'allais y être condamné. Mon père m'avait fait promettre de ne plus partir au long cours. Je travaillerais avec lui à la conserverie ; il trouverait, m'avait-il affirmé, moyen de m'y faire engager. J'ai pensé à Linus qui devait, à bord du *Paramaribo*, être à la hauteur du dixième parallèle. Avait-il, lui, trouvé une femme dans les méandres du port ? Si c'était le cas, l'élue ne devait pas être une infirmière.

Pour mon père, c'était le deuxième voyage en avion de sa vie. Le premier, il l'avait fait avec ma mère. Ça lui plaisait, malgré le prix, ou peut-être à cause du prix, quoi qu'il eût dit. Cela lui faisait l'effet d'une orgie de luxe.

– Autant en avoir pour son argent, fiston. On va leur demander un tas de boissons et de cacahuètes, à bord.

Moi, je n'aime pas l'avion. Jamais la mer de nuages n'est fendue par un aileron, une caudale plate et victorieuse, ou un dos gris-bleu.

À Londres, il pleuvait, et cet infect crachin gris ne nous a pas lâchés durant le trajet en train jusqu'à Glasgow. Là, nous avons pris le car pour Thurso, ma ville, si décriée par les guides, mais ma ville néanmoins. Deux jours plus tard, je commençais mon travail à l'usine.

Le souvenir que je garde de ces mois est très mauvais, cependant rien n'est jamais entièrement négatif. À œuvrer avec lui dans la conserverie, j'ai mieux compris mon père.

Les mots « ouvrier, travailleur » ne sont plus prononcés qu'avec raillerie, comme si on se penchait sur des photos sépia où les hommes sont gauches, les femmes un peu ridicules. Une langue d'une autre époque : on ne dit plus « ouvrier ». On trouve des qualificatifs techniques pour noyer le poisson. Mais mon père était ouvrier, il connaissait son travail, il en était fier parce qu'il le faisait bien. Aux gens comme lui, il ne faut pas essayer d'enlever la fierté de leur tâche. On pourrait les désespérer, ou, dans le cas de caractères comme ceux de mon père, les mettre très en colère. Il y a une aristocratie des métiers de peine. Si on trouve peu d'hommes et de femmes capables d'études supérieures et de grandes responsabilités, régnant sur des milliers de destins, il n'y a pas non plus beaucoup de personnes capables de se lever tous les jours pour exercer des professions dangereuses, épuisantes et mal payées. Et ils ne sont pas forcément acculés. Pour eux, c'est dans l'ordre des choses, des épreuves qu'ils ont admises. Pendant mon temps à la conserverie, j'ai compris à quel point mon père était un homme remarquable. Il était très respecté par ses collègues.

– Colin mon vieux, tu vas transformer le petit en chèvre. Il est fait pour bosser avec toi comme moi pour être danseuse nue au Bunny's.

– Maintenant que tu me le dis… avec une légère épilation et une plume bien placée…

– Je ne plaisante pas. Il est triste comme un jour sans bière, à ta conserverie.

– C'est mon fils.

– J'ai toujours été persuadé que c'était celui d'un de ces Espagnols, là, dans le Sud…

J'ai entendu qu'on arrêtait de récurer le four ; il y a eu un court silence, puis mon père a grogné :

– Numérote tes abattis, Patrick, j'aime pas ces plaisanteries-là.

– Ce qu'il veut, le gosse, c'est les dauphins. Il est comme moi. En moins beau, mais…

– Qu'est-ce que tu as dit à propos de Mary et des Espagnols ?

– Tu veux te battre ? Quand tu veux, quand tu veux ! Mauviette ! Débris ! Euh… Trouillard !

Le grand soupir de mon père a résonné dans tout le rez-de-chaussée, remontant jusqu'en haut des escaliers où j'étais assis, hors de vue.

– Patrick. Tu as quel âge ? Cinquante-quatre ? T'as pas honte ? Pire qu'un gosse.

– Trouillard ! Trouillard !

– Tu vas encore te faire péter des dents, Patrick Mackenzie. Tu te souviens, l'année dernière ? Et ne compte plus sur moi pour les frais de dentiste. Tu resteras comme tu vas être dans deux minutes, avec une allure de vieille édentée.

– Je ne peux pas y croire. Mon propre frère, aussi poltron qu'une marmotte. Une infamie pour notre nom. Je devrais déménager, tiens, je ne peux pas partager le toit d'une marmotte. Ça pue, les marmottes.

J'ai entendu mon père qui crachait dans ses mains, Patrick qui reniflait d'une narine, et ils se sont mis sur la gueule. Un concert d'imprécations et de ahanements, avec de temps à autre la voix de mon père :

– Attention ! Pas le vase ! Aaah ! Les bols ! Putain, Patrick, touche pas au mixer !

Ils se sont assez vite calmés. C'est qu'ils

n'avaient plus l'énergie que je leur avais connue, celle qui prolongeait les rixes d'une bonne demi-heure. Mais quand je suis descendu, Patrick avait tout de même une bosse d'importance sur le front, une coupure au bout du nez, et mon père saignait du menton et de la lèvre.

– On s'amuse bien ?

– La ferme.

– La ferme.

Ils avaient répondu en même temps. Je suis allé chercher la Bétadine, les compresses, le sparadrap. Quant aux sachets de glace du congélateur, je leur en ai tendu un à chacun. Puis je me suis assis sur la poubelle.

– Patrick a raison, papa. Je t'en prie, délivre-moi de mon serment. Je voudrais repartir en mer.

9

Patrick et moi avons embarqué ensemble sur un porte-conteneurs qui partait de Londonderry, Irlande du Nord, pour rejoindre Reykjavík en Islande. J'étais soulagé que mon oncle fût avec moi. En Guyane française, les autorités n'avaient bien entendu pas retrouvé mon Van Heyck et ses deux Indiens. Il y a quelque chose de trouble à savoir que des gens qui se sont efforcés de vous tuer à coups de machette se baladent libres, prêts à vous retomber sur le râble. Je crois que c'est commun à toutes les victimes de ce genre d'agression. J'irais jusqu'à penser que, même lorsque les méchants sont enfermés en prison, une part de nous, craintive, s'imagine qu'ils s'évaderont pour, comme dans un cauchemar, nous poursuivre jusqu'à nous avoir anéantis.

À la conserverie de Thurso, je me sentais en sécurité ; c'était mon univers, si familier. Mais je partais de nouveau, loin.

Jamais je n'étais monté aussi au nord. Un vestige de raison me dictait que j'avais peu de chances de rencontrer des Indiens armés de machettes sur la route de Reykjavík, se lançant à l'abordage du *Redfish* – le nom du porte-conteneurs – depuis des pirogues, dans les creux de cinq mètres des eaux glacées de l'extrême Nord.

Il m'a pourtant fallu de nombreuses années pour me débarrasser de ces frayeurs irraisonnées.

Notre navire n'était pas beau ; il est rare qu'un porte-conteneurs offre de gracieuses allures de goélette. Mais pour moi, c'eût aussi bien pu être un brick sorti d'une aventure de Stevenson.

Je renaissais aux eaux, qui étaient gris ardoise, de petites lames ourlées d'écume blanche. J'étais heureux de faire le voyage avec mon oncle, et pas seulement parce que sa présence me rassurait. Il était rare qu'avec lui une traversée ne fût pas joyeuse. S'il débloquait pas mal sur terre, en mer il lâchait entièrement la bride à sa fantaisie, et lui aussi semblait s'être extrait d'un récit de la marine ancienne.

Nous avons rencontré notre premier banc près de Rockall, point minuscule à l'extrême large des Hébrides. Des flancs-blancs, a dit Patrick. Je ne voulais pas le croire, car on ne les trouve que très rarement au-dessus du cinquantième parallèle. Et puis à mon avis, nous étions trop éloignés pour identifier l'espèce avec certitude.

– Écoute, mouflet. Un aileron pointu comme ça, y'a que les flancs-blancs.

– Parce que tu peux voir les ailerons à cette distance ?

– T'es pire qu'une taupe. Et t'as des jumelles de rigolo. Prends les miennes. Ça, c'est de la lentille allemande. Bon. C'est pas des flancs-blancs ? Hmm ? *Lagenorhynchus acutus* ? Hmm ? Si je ne m'abuse ?

– *Et Mackenzius frimensis*. D'accord. T'as raison. C'est des flancs-blancs.

Leur nom est usurpé. Les dauphins à flancs blancs de l'Atlantique ont en vérité les flancs grisâtres. Mais le ventre et la gorge sont de neige. Ils ont l'œil maquillé, et des stries foncées qui courent de la bouche aux battoirs. Ils sont moins rapides que leurs cousins les becs-blancs, mais je les trouve plus beaux.

Ceux-ci se sont rapprochés de notre navire.

– Oh, nom d'un chien, regarde, Ian ! Il y a un petit ! Non, deux, non, trois ! Bon sang ! Une pouponnière !

Les flancs-blancs étaient désormais assez près pour que je pusse les observer sans jumelles.

Il m'est difficile d'exprimer ce que je ressens quand je vois de gros poissons, ou des cétacés, et tout particulièrement des delphinidés. Plusieurs fois, des requins de belle taille – baleine, nourrice, tigre – ont croisé ma route. Une manta, également. C'est un spectacle.

Mais les orques, les bélugas, les globicéphales, les marsouins, les dauphins sont des mammifères. Ils tètent le lait de leur mère. Et ils viennent respirer à la surface. Comme nous.

Aussi ce jour-là, à l'instar de mes précédentes rencontres et de celles qui viendraient, mon cœur s'est-il emballé.

Jusqu'à l'étoile rouge explosant près de l'œil du flanc-blanc qui était le plus proche de nous. Le dauphin a cassé sa course dans une disgracieuse convulsion – et il est bien rare que ces animaux se montrent disgracieux. Puis il a coulé, comme si un tentacule géant le tirait vers les fonds. Aussitôt les autres flancs-blancs ont disparu à sa suite. Bien vite, naviguant à quinze noeuds, nous avons dépassé l'endroit que les remous n'agitaient déjà plus, et ce n'est qu'alors que j'ai entendu la détonation, le retard de perception du son n'étant pas dû à la distance mais à un état d'esprit, une faille ouverte dans mon attention tout entière dévolue aux dauphins.

« Cla-a-a-a-aaaac... »

Patrick a levé la tête vers la passerelle arrière, et il a lancé un juron écossais des temps immémoriaux, un de ces mots que même les plus vieux de nos ancêtres n'utilisaient sans doute pas souvent. J'ai suivi son regard ; un homme se tenait debout sur les plaques de ferraille blanchies de sel. Des deux mains, il étreignait un fusil. Alors seulement j'ai compris ce qui s'était passé.

Mon oncle est parti comme un barracuda sur sa proie, et qui n'a jamais vu de barracuda en chasse ne sait pas ce qu'est la soudaineté. Nous gardions dans nos poches les espèces de coiffes de tissu dont nous nous servions quand nous œuvrions en cuisine ; la sienne s'est envolée dans les embruns tandis qu'il se précipitait vers la passerelle. Je me suis dit qu'il était nécessaire de le suivre, pour lui prêter main forte, ou pour le dissuader de ce qu'il avait l'intention de faire.

L'homme était le maître de manœuvre. Deux jeunes matelots l'accompagnaient. L'un d'entre eux caressait l'arme qu'on venait de lui tendre. Quand nous n'avons plus été qu'à quelques mètres des trois marins, Patrick a ralenti sa course. Un mouvement convulsif de sa main, le long du pantalon, une crispation, m'a montré qu'il réfléchissait. Peut-être que si on connaît suffisamment une personne, on n'a pas besoin de l'entendre pour voir dans son jeu. Mais dans un cas comme celui qui nous occupait, je n'étais pas certain, bien au contraire, que la réflexion fût à même de tempérer la rage de mon oncle. C'est pourtant d'une voix posée qu'il a demandé :

– C'est vous qui avez tiré sur les bestioles ?

– Une seule, a dit le maître de manœuvre, qui ne lâchait pas des yeux le fusil que tenait le matelot, ainsi qu'aurait agi une mère confiant pour quelques secondes à une amie son enfant nouveau-né. Une seule. Ces salopes sont rudement rapides.

– Vous avez l'œil.

– Ah, ah ! C'est justement ce que je visais ! L'œil ! Mais je crois que je l'ai raté.

– Qu'est-ce que c'est, ce fusil ?

Le matelot qui tenait l'arme a répondu à la place du maître de manœuvre.

– Un 30/30. Winchester M-94. Vous vous rendez compte ? Le patron de ma tante en a acheté un à crédit l'année dernière. Le rêve de sa vie. Ça coûte une fortune.

– Mille six cents livres, a dit le maître de manœuvre. J'ai fait tailler la crosse sur mesure.

– Ben merde, alors.

Patrick offrait toutes les apparences de l'admiration, teintée d'un soupçon de jalousie.

– Ça vous ennuie si je… je peux le prendre ? Juste le toucher ? C'est pas tous les jours, hein ?

Le matelot a interrogé du regard le maître de manœuvre qui, condescendant, a hoché la tête. Mon oncle a pris le fusil.

– Non !

Je l'avais presque crié, et je tendais la main vers l'arme.

Mais Patrick l'a prise par le canon, et d'un élan puissant, il l'a jetée dans l'Atlantique. Les deux matelots et le maître de manœuvre sont restés interdits, comme si on avait chié dans le bénitier – une expression de mon père quand il a un peu trop bu. Puis le maître de manœuvre s'est mis à gonfler, une vraie montgolfière, mais il a réussi à siffler à mon oncle :

– Vous, mon petit monsieur…

La voix de Patrick, pas bien haute mais si froide, l'a coupé dans son élan.

– Si jamais vous vous essayez à quoi que ce soit contre le petit ou contre moi, et si vous vous trimballez encore une de ces merdes à cartouche dans vos effets, et que vous avez l'intention, pour vous amuser, de vous en servir contre ces animaux, vous pouvez être sûr, monsieur, que je vous tuerai de mes mains. Regardez-moi bien, et demandez-vous si je plaisante. Espèce de pourriture d'assassin.

Tandis que nous étions à la réserve pour lui trouver un autre chapeau de papier, mon oncle m'a secoué la manche.

– Tu as cru que j'allais tirer sur cet homme ? Je n'aurais jamais fait ça, mon vieux Ian. Je ne suis pas fou, ni prêt à tâter de la paille humide des cachots. Maintenant, reconnais que ce n'est pas une mauvaise chose qu'il le croie, et qu'il ait peur de moi. N'est-ce pas ?

J'ai acquiescé, mais je n'étais pas certain de ce que disait mon oncle. Je croyais même que ma présence avait sauvé la vie du maître de manœuvre, le pauvre imbécile qui jouait à tirer sur les dauphins.

10

Quand j'ai eu vingt-quatre ans, Patrick a pris sa retraite.

Il restait à mon père trois années de travail avant d'en finir avec la conserverie.

Les hommes comme les frères Mackenzie sont incapables de rester à rien faire. Ils s'étioleraient. Mon oncle a donc décidé de s'instruire, et pas seulement dans le domaine quasiment exclusif – les odontocètes – qui l'avait occupé jusqu'alors. Il s'y est pris avec méthode, en commençant par le latin. À soixante et un ans.

Les Mackenzie sont orgueilleux, mais ils ne sont pas fats. Aussi Patrick n'a-t-il éprouvé aucune honte à commencer son éducation latine avec des livres scolaires pour enfants de douze ans.

Un jour que je revenais d'un cabotage qui m'avait fait suivre la côte depuis Plymouth jusqu'à Casablanca en passant par Brest et La Corogne, je l'ai rejoint sur une petite plage de galets jouxtant Thurso. Il était droit dans le soleil, ses cheveux un peu trop longs flottant dans la brise froide et salée. Montrant son ombre, il a dit :

– *Vulnerant omnes, ultima necat.*

– Ah tiens ?

– « Toutes blessent, la dernière tue. » Idiot.

– La dernière tue idiot ?

– Fais des efforts. C'était la devise que les Romains gravaient sur leurs cadrans solaires. Toutes blessent, la dernière tue. Les heures. Ils parlaient des heures. Ils les voyaient comme des flèches. Tu sais, Ian, on dirait que rien n'a changé. Les hommes sont restés les mêmes. Deux mille ans pour rien. Est-ce qu'elles ne blessent pas encore ? Est-ce qu'elles ne nous tuent pas, finalement ?

– Elles ne font pas que nous blesser. Elles nous apprennent aussi, tes heures. Les conneries à ne plus faire, les choses qu'on veut, qu'on peut ou qu'on doit recommencer…

– La sagesse, mon garçon, c'est une chimère que les vieillards ont inventée pour gruger les jeunes gogos, et ne pas pleurer leurs années enfuies. Tu seras bien effrayé de te découvrir plus d'incertitudes à mon âge qu'au tien, si ton cerveau lilliputien te permet de tenir jusque-là. Et quand bien même nous apprendrions… Le temps est le maître le plus cruel : il tue ses élèves.

– Qu'est-ce qu'on se marre. Tu crois qu'on va tous mourir ? Je n'y avais jamais pensé. C'est horrible. Tu n'avais pas besoin du latin pour savoir ça, si ?

Mon oncle a continué, comme s'il ne m'entendait pas.

– Je vais me mettre au grec. C'est compliqué, mais ça vaut le coup. Tu as vu les amphores grecques, avec ces peintures d'hommes sur le dos des dauphins ? Quoi de plus beau ? Quoi de plus beau…

Depuis que Patrick rentrait tous les soirs à la maison, mon père et lui se disputaient sans arrêt. Je les voyais se fragiliser, moi qui partais parfois quatre mois avant de les retrouver. Ils avaient changé chaque fois, de façon tenue mais perceptible. Ils prenaient des rides et la peau de leurs mains se distendait, et leurs cheveux rouges pâlissaient ; quand je leur revenais, je les aimais davantage.

Par la grâce de sa disparition prématurée, ma mère, elle, ne vieillissait pas dans le corps de Colin Mackenzie et elle était, plus que jamais, le gage de l'énergie de mon père. Patrick, l'aîné, qui avait souvent eu le dernier mot lorsque j'étais enfant, cédait à l'occasion devant les hurlements de mon père lorsqu'il oubliait d'enlever ses bottes dans l'entrée, en revenant du bord de mer. Il arrivait même qu'il marmonnât une vague excuse. Les deux hommes étaient très heureux. Ils adoraient les engueulades. Je sais que Patrick voyait des femmes, je l'avais croisé en jolie compagnie sur la route de Flat Stones, mais jamais il n'en a amené une à la maison. Sur ce point, en vrai gentilhomme écossais, il était d'une grande discrétion.

Mais dans une ville comme Thurso, on ne peut garder tous ses secrets.

Cette époque a marqué mon entrée dans le monde que je convoitais depuis si longtemps, depuis le jour de mon rêve par ce chaud après-midi de mes douze ans. J'ai réussi à me faire engager comme cuistot sur un navire du S.O. – Seas and Oceans. Une organisation privée, spécialisée dans la protection de la faune marine… J'y avais été introduit par Linus, le même Linus avec lequel j'avais fait mon premier voyage, presque sept ans auparavant. Je l'avais retrouvé sur un quai du port de Marseille, en France.

Maintenant, je dois faire amende honorable quant aux Hollandais, parce que, bien que leur langue ait des consonances particulières, et qu'il leur arrive de se montrer un peu querelleurs dans les bars, ils sont extrêmement actifs pour ce qui est de l'écologie sous toutes ses formes. Il suffit de jeter un œil sur le contingent de Hollandais dans les grandes organisations comme Greenpeace, alors que leur pays n'est peuplé que de quinze millions d'habitants, pour s'en convaincre.

Les sociétés sont commes les personnes : à les fréquenter, on en saisit les nuances et les contradictions, plus rien n'est simple. Quoi qu'il en soit, le S.O. grouillait de Hollandais, et j'avais intérêt à m'entendre avec eux, ce qui a été le cas.

Notre navire, un ancien aviso russe revendu au prix de la casse, s'appelait le *Nadym* ; nous étions vingt-trois personnes à bord, et l'expédition était financée, presque en totalité, par un milliardaire norvégien ayant établi sa fortune dans la sylviculture. Nouveau paradoxe, et nouvelle application de la complexité des données : la Norvège est un des derniers pays qui, comme le Japon, sous les prétextes les plus fallacieux, dont l'étude scientifique, continuent à massacrer le plus de cétacés possible, malgré les décrets et les interdits.

Mais peut-être était-ce justement à cause de l'attitude de son gouvernement que cet homme dépensait tant d'argent à combattre ces méfaits. Nous sommes partis pour essayer d'analyser les conséquences de l'utilisation du LFAS (Low Frequency Activ Sonar) par les bâtiments de guerre de la marine américaine.

Il y a des tas de façons de tuer les animaux. Les pollutions chimiques, les attaques contre leur environnement sont parmi les plus efficaces et les moins spectaculaires. Sans aucun doute, c'est cela qui est le plus à craindre. Mais le LFAS est insidieux et subtil.

On sait qu'une des principales activités humaines consiste à essayer de s'étriper. Depuis les pierres et les bouts de bois du Néandertal, nous avons fait des progrès; dans les années 80, les Américains se sont inquiétés de la possible création d'une nouvelle génération de sous-marins soviétiques. Comment les repérer et, si besoin était, leur écraser la gueule ? C'est alors que leurs scientifiques ont créé le sonar actif à basse fréquence : LFAS.

Cent millions d'avions à réaction au décollage, en même temps. Voilà ce que le LFAS envoie sous l'eau, en guise d'intensité sonore. Les cétacés, pour la part la plus active de leur organisme, fonctionnent aux sons, et ont eux aussi leurs sonars ; à peine les essais américains avaient-ils commencé que de nombreux comportements anormaux avaient été observés chez ces animaux. Les baleines déviaient de leur trajectoire. Plusieurs sortes de cétacés étaient venus s'échouer, à proximité des manipulations militaires. Les animaux devenaient sourds, ils devenaient fous ou ils mouraient. Mais la marine se gardait bien de divulguer ces informations et il avait fallu plusieurs années, des recoupements et quelques fuites pour que le phénomène vînt aux oreilles des protecteurs de l'environnement, qui s'en indignèrent publiquement. L'armée s'en battait l'œil. Les armées peuvent tout. Elles ont toujours gain de cause grâce à deux petits mots magiques : raison d'État. La Navy déclara que le système LFAS était destiné, en bout de course, et quoi qu'on pût en dire, à couvrir 80 % des océans.

L'équipage du *Nadym* n'était pas composé de barbus à guitare et de filles avec des fleurs dans les cheveux. L'écologie a changé de visage. Certains de ceux qui défendent notre planète et ses hôtes sont aujourd'hui plus proches de guerriers que de joyeux illuminés.

C'est que le temps nous est compté.

Assommer à coups de guitare un industriel massacrant la faune et la flore ne me semblerait pas d'une efficacité démontrable.

Quant à essayer ça avec des commandos de Marine…

Nous avions donc, sur notre vieil aviso, des durs à cuire, des intraitables et des sévères. Les plus teigneux d'entre eux étaient les femmes, et qu'on ne me demande pas pourquoi. Une d'entre elles m'a accueilli à bord avec le classique, pour moi :

– Salut, Capone.

Ma cicatrice était du genre à se faire remarquer, mais en dehors de quelques ânes bâtés à moitié ivres, on se contentait en général de la lorgner à la dérobée, sans m'en parler. Seuls les plus bourrins des bourrins y faisaient allusion, et les plus bourrins de ces bourrins-là s'en moquaient. Mais une femme c'était nouveau.

– Salut, grosse pouffe.

La femme devait avoir une quarantaine d'années ; les cheveux courts et secs comme de la paille, les yeux bleu sombre, les pommettes hautes, elle ressemblait à une de nos magiciennes celtes – à qui on eût coupé les tresses. Linus, qui se tenait près de moi, a poussé un gémissement tandis que la femme souriait, découvrant des dents larges, blanches et plates.

– Euh... Ian, c'est Rosa. Le chef de l'expédition.

– Vous me trouvez grosse ?

– Hein ? Non. Bien sûr que non.

– Parce que, vous savez, même si elle est très, très mince et ravissante comme moi, une fille détestera toujours qu'on lui dise qu'elle est grosse. C'est comme qui dirait dans nos gènes à nous, les filles...

– Oui, ça, je... pas grosse du tout. Non.

– Juste une pouffe.

– ...

– Une pouffe mince.

– …

– Viens voir plus près. Là. J'adore qu'on m'insulte, mais seulement au lit. Tu comprends ? Et ici, tu vois des draps ? Où est-ce que tu vois un putain d'oreiller ?

Je me suis dit qu'elle avait un grain, que le mieux était de faire le dos rond. Je voulais partir sur le *Nadym*. Mais, tandis que je me tournais vers Linus pour l'interroger du regard, Rosa a continué :

– D'un autre côté, ma vanne sur Capone, c'était plutôt minable. Excuse. Y a des fois… Ian, c'est ça ? Y a des fois, Ian, je me demande pourquoi je suis tellement… dis donc, garçon, avec ta carrure et tes poils orange, on dirait un gorille qu'on aurait plongé dans un tonneau de minium.

Je la connaissais depuis trois minutes, mais je savais qu'elle était irrécupérable. De ces personnes qui pensent à voix haute.

11

Les odontocètes sont victimes de tant d'agressions – la majorité d'entre elles dues aux êtres humains – qu'il serait interminable d'en établir la comptabilité. On a capturé des dauphins pour essayer d'en faire des soldats des mers, en les jetant dans des lacs glacés depuis des hélicoptères pour mesurer leur tolérance aux changements de salinité et de température, on les a obligés à nager dans des eau infestées de bactéries pour voir s'ils y survivraient, on leur a fait transporter des mines et des bombes. On les a pêchés dans des filets immenses, où ils sont morts étouffés dans les souffrances d'une lente noyade. On les a torturés, empoisonés, capturés. Depuis toujours.

Dans les îles Féroé, si près de chez moi, une heure d'avion vers le nord tout au plus, on se livre depuis des centaines d'années à une boucherie festive : les habitants rabattent vers la côte des globicéphales noirs et quand les animaux sont empêtrés en eau très peu profonde, les hommes, les femmes, et même les enfants pataugent à leur rencontre avec des gaffes, des lances, des haches... Ils les déchiquètent vivants, pour respecter une tradition qu'on aurait tort de qualifier de bestiale : aucun animal n'aurait l'idée saugrenue de commettre des actes semblables. Mille cinq cents globicéphales sont ainsi exterminés chaque année, dans des conditions dignes d'un film d'horreur. Des petits garçons de huit ans poignardent les agonisants, sous les encouragements des parents, et l'eau de mer alentour devient rouge vif.

C'est là l'exemple de plus terrible de l'attitude humaine. Car, parmi ses nombreux surnoms, le globicéphale noir porte celui de « conducteur » ou celui de « berger ». On dit de lui, de la Méditerranée jusqu'à la mer de Norvège, qu'il reconduit au port le marin égaré. Depuis l'Antiquité, il nous protège et nous guide.

Nous le tuons.

Nous avons rencontré le banc de globicéphales noirs quatre jours après que nous avions pris la mer avec le *Nadym*, depuis Rotterdam. Jusqu'alors, à bord des navires de la marine marchande sur lesquels je travaillais, j'avais le loisir d'observer les animaux, mais en passant en quelque sorte ; jamais de près, puisqu'il est entendu qu'un cargo ne va pas infléchir sa course ou mettre en panne pour admirer les merveilles de la nature.

Cette fois, Rosa a fait stopper le *Nadym* et nous avons mis un canot à l'eau. Je lui ai demandé si je pouvais y monter.

– T'es là pour faire la cuisine, le gorille, a-t-elle dit en caressant sur ses joues, du dos de la main, une barbe imaginaire.

– Je veux y aller. Je veux.

Est-ce que j'avais trouvé dans mon ton l'expression inutilement angoissée mais si exaspérante de l'enfant qui tanne sa mère pour avoir le paquet de bonbons trônant près des caisses ?

Rosa m'a toisé avec l'exacte mimique de ces femmes partagées entre les devoirs de la sévérité et les douceurs du magnanime abandon, puis elle a grommelé :

– Tu ferais mieux de remuer tes fesses avant que les noirauds se soient défilés.

Les noirauds. C'est ainsi qu'elle nommait les globicéphales.

Nous nous trouvions au cœur de la mer du Nord, à mi-chemin d'Aberdeen et de Kristiansand. Les eaux étaient calmes mais glacées. Mélangés aux noirauds de Rosa se trouvaient deux ou trois tursiops, et j'ai cru apercevoir un couple de dauphins communs. Le globicéphale ne dédaigne pas la compagnie. Il est grégaire et sociable. Ce groupe était composé d'au moins quinze individus, et nous avons réussi à les approcher à la rame, sans nous servir du moteur. Je ne m'étais jamais trouvé aussi près d'un mammifère marin. Oh, j'en avais vu, des films et des photos, mais les êtres vivants – et même certaines plantes, me semble-t-il – émettent des ondes, des vibrations qui ne sont perceptibles qu'à leur proximité.

Le globicéphale noir n'est pas très beau. Il tient son nom de l'énorme bosse, appelée melon, qui s'avance au-dessus de sa mâchoire, lui donnant un peu l'allure d'un Quasimodo des mers.

Il est grand. Les mâles peuvent atteindre huit mètres et quatre tonnes, les femelles six mètres et deux tonnes. Mais il est plus courant de rencontrer des spécimens avoisinant les cinq mètres. Pour un delphinidé, son souffle est très puissant. Je m'en suis rendu compte lorsque l'un d'entre eux m'a aspergé en passant près du canot. Nous étions entourés, comme dans le récit de mon père.

Je me suis jeté à l'eau.

Et je savais qu'elle était froide – après tout nous n'étions pas aux Bahamas – mais quand je me suis senti saisi par l'étau glacé, j'ai compris que j'avais peut-être fait une bêtise. Les quatre personnes qui m'accompagnaient dans le canot se sont mises à gesticuler et à vociférer, mais c'est la voix de Linus, resté pourtant sur le *Nadym* et posté à plus de cinquante mètres, que j'ai entendue.

– Qu'est-ce que tu fous, Ian, espèce de dingue ?

Ensuite, j'ai battu des bras et un globicéphale s'est dirigé vers moi. Son aileron dorsal était fendu, comme ma joue par la machette, me suis-je dit. L'animal, arrivé à deux mètres, s'est couché sur le côté ; j'ai vu son œil. Celui de mon rêve.

– On a embarqué un taré. Linus va entendre parler de moi. Un taré.

Je me trouvais dans la cabine de Rosa, avec mes vêtements secs et un quart d'aluminium rempli de thé au rhum. Notre capitaine avait commencé par s'éclaircir la voix avec un chapelet de jurons néerlandais, sons infernaux s'il en est, et qui me paraissaient une punition suffisante, mais elle n'était pas décidée à en rester là. Elle continuait en anglais.

– Imbécile d'irresponsable de… de…

J'ai posé le quart sur la table où se mêlaient un vieux GPS portable, des crayons, un exemplaire de *Sous le règne de Bone*, de Banks, et une boîte de gâteaux, je suis allé droit vers Rosa qui remuait les bras comme si on lui avait glissé une mygale farceuse dans le col, d'un coup je lui ai entouré les épaules – je n'ai pas touché à ses oreilles, la légende familiale était bien vivace à mon esprit, et je tenais à mes arcades, puis je l'ai embrassée.

Ensuite, ça s'est un peu compliqué, parce qu'elle m'a repoussé comme un loup-garou fuit la balle d'argent, elle m'a regardé, m'a saisi par le revers et m'a rendu mon baiser, avec une lascivité, une langueur qu'on ne lui eût certes pas imaginées, puis elle m'a encore jeté loin d'elle et elle a soufflé par le nez.

– T'es pas bien, le gorille ?

– Justement. C'est à cause des bonobos.

– … Tu veux me répéter ça ?

– Les bonobos. Les singes. Y a jamais de bagarres chez eux. Ils règlent tous leurs conflits par le sexe. Voilà. C'est l'idée.

– J'ai l'air d'une guenon ?

Je me suis vu débarqué sur une île déserte, avec une caisse de biscuits et un tonneau d'eau douce – à l'année prochaine, Ian Mackenzie.

– J'ai donc l'air d'une guenon.

– C'est pas ce que…

– Je te plais ?

– Oui.

– Parfait. Finis ce que tu as commencé.

Je pensais au globicéphale à la caudale fendue. Il hantait mon imagination, même lorsque j'étais dans les bras du capitaine ; il serait plus juste de dire que les sentiments se mélangeaient, d'une bien étrange manière, celui que j'éprouvais pour la créature des eaux, celui que je ressentais pour Rosa.

Le chef aux yeux bleu nuit m'avait menacé de représailles cataclysmiques si quelque membre de l'équipage venait à connaître notre relation. Mais un aviso, ce n'est pas un porte-avions, et il n'est pas si facile de s'y cacher. Je la retrouvais tard, nous étions fatigués et contents.

Ces journées ont été les plus marquantes de ma courte existence – elles le demeurent encore aujourd'hui. Parce que j'ai rencontré mon rêve, ce qui n'est pas fréquent dans la vie d'un homme, et parce que je suis tombé amoureux de Rosa Vridj. Je savais que c'était sérieux. Nous, les hommes Mackenzie, ne sommes pas des sentimentaux hystériques quand il est question de femmes. Si nous avons trouvé la bonne, nous le savons.

Elle avait trente-six ans, mais elle semblait plus âgée à cause de ses campagnes passées à se faire tanner la peau au large.

Cela nous faisait malgré tout douze ans de différence. Elle était si légère que je pouvais la soulever d'un bras, ce qui lui plaisait, et la tenir à distance d'une main quand elle s'énervait, ce qui lui convenait moins. Elle aimait la confrontation physique ; je savais que cela au moins siérait beaucoup à Patrick et à mon père.

– Allez… dis-le. Juste à moi. Tu sors avec Rosa.

– N'importe quoi.

– Elle est comment ?

– Quoi, comment ?

– Tu sais… hop !

– Mon pauvre Linus, t'as pas changé. Pareil, depuis le *Paramaribo*. Un pauvre obsédé, un maniaque.

– Quand même…

– Un maniaque !

– Alors c'est vrai ! Rosa ! Mon salaud…

– Je n'ai rien dit.

– Tu souris. Si! Regarde, tu souris encore.

– Ce qui me fait sourire, c'est d'imaginer le monde de souffrance qui t'attend si Rosa te surprend à raconter ce genre de truc.

– Rkia, tu vois?

– La fille des radars?

– Oui. La Marocaine. J'ai une touche. Un ticket pour le paradis, mon vieux Ian!

– Elle est au courant?

– Ha, ha, ha. Très drôle.

– C'était pas une vanne. Une vraie question.

– En… en fait, je vois bien comment elle me regarde.

– Comment elle te regarde…

– Des yeux spéciaux.

– Ouais. Linus, tu sais que tu me fais beaucoup de peine?

– Dégage. Tu… tu m'énerves.

12

– On pourrait croire que nous, les Hollandais, nous voyageons beaucoup parce que notre pays est petit.

– Plus petit que chez moi.

– Encore plus petit que l'Écosse, oui. Mais c'est plutôt une question d'éducation. J'ai traîné mes guêtres dans tous les bords de mer de cette planète, et ceux qui bougent le plus, ce sont les Hollandais, les Anglo-Saxons, les Australiens. Pas forcément les plus riches. Une culture du voyage. Mes parents sont skippers…

– « Sont » ?

– Je sais que je suis une grande vieillarde, petit con de gorille, mais ma mère a cinquante-sept ans, mon père cinquante-six, et ils sont vaillants. Ils font ce qu'ils ont fait à peu près toute leur vie: ils conduisent de grands voiliers pour des propriétaires pleins de blé.

– Tu les accompagnais?

– Non, pas toute petite. Ma grand-mère maternelle habitait à Dunedin, en Nouvelle-Zélande. C'est là que j'ai grandi et que je suis allée à l'école.

– Je t'aime.

– Bien vu. Après Dunedin…

– Je t'aime.

– Moi aussi, le gorille. Mais je me sens un peu… ridicule. T'es un vrai minot.

– On choisit pas. Moi, d'habitude, je donne pas dans la gériatrie, et puis…

– Un jour où tu seras en colère, tu le diras, en le pensant.

– La seule excuse que je puisse trouver à ce que tu viens de me sortir, c'est que tu ne connais pas les Mackenzie. On va essayer le sérieux, dix secondes. Tu veux faire ta vie avec moi ?

– On se connaît depuis dix-sept jours.

– Oui ou non ?

– Oui, à ma manière.

– Oui, tout court.

– Oui, le gorille.

– Tu veux être avec moi ?

– C'est triste d'être sourdingue à ton âge.

– Putain. C'est la fête ! Hé, capitaine ! Comment tu en es venue à commander le *Nadym* ?

– Ça, c'est trop long à expliquer. Mais je suis entrée au S.O. il y a cinq ans. Quand j'ai appris ce que les Américains avaient fait faire aux tursiops pendant la guerre du Golfe de 91. Détection de mines irakiennes, et surtout leurs putains de *nose guns*. Des dauphins avec des flingues en fibre de verre au bout du nez. Ça m'a donné envie de rire, comme on se marre devant la méchanceté du Coyote qui utilise tous les moyens les plus cons pour tuer le Bip-

bip. Tu as remarqué ? Parfois, la méchanceté donne envie de rire. Je crois que l'humanité est sale, quand tu vois ce qu'elle se fait à elle-même et ce qu'elle inflige aux autres, mais qu'il faut faire semblant, qu'il faut essayer d'agir à son échelle sans trop regarder autour de soi.

– C'est exactement ce que dit mon oncle Patrick.

– Nous, les gens de mer, nous ne pouvons pas laisser faire tout ça, en regardant ailleurs comme font les lâches qui écoutent une gamine se faire violer dans le compartiment voisin de leur train de banlieue. Parce qu'on s'enlèverait même le droit de considérer que c'est dégueulasse.

– Moi, c'est un rêve. À cause d'un rêve.

– Dis-moi.

Je le lui ai raconté tandis qu'elle caressait mon dos de ses fins doigts osseux, à la peau sèche.

Nous avons doublé les Orcades par le

nord, avant de suivre le soixantième parallèle en direction de Kap Farvel, à la pointe sud du Groenland. Un gars de Narsarsuaq qui appartenait au S.O. possédait un petit avion dont il se servait pour espionner un navire de la Navy ; on en avait reperé les émissions d'ondes LFAS. On s'accorde à dire que les fréquences sonores des tests de l'armée sont comprises entre 766 et 965 hertz, zone acoustique touchant tout particulièrement l'appareil sensoriel des cétacés.

Nous devions relever ces émissions et nous efforcer de faire des recoupements avec d'éventuelles disparitions ou comportements aberrants chez les mammifères marins évoluant dans les environs.

Mais rien ne s'est passé comme nous l'attendions. Lorsque nous sommes arrivés à proximité de la position que l'aviateur nous avait donnée du bâtiment de la Navy, il n'y avait que la mer vide et mauvaise, les caprices de l'eau grise creusant de profondes dépressions à la surface couleur granit. Nous avons contacté l'homme de Narsarsuaq, qui nous a expliqué qu'il lui était impossible de décoller à cause du temps. Qu'aux dernières nouvelles le navire de guerre se trouvait bien aux alentours de l'endroit indiqué. Puis la brume est venue, si épaisse que moi, l'Écossais, je n'en avais jamais vu de pareille.

Malgré la saison clémente, nous avions aperçu quelques icebergs.

Nous avons attendu trois jours que la nappe se déchirât, puis Rosa a décidé de mettre cap au sud, l'inutilité de notre présence ne valant pas le danger couru. Nous sortions de la brume quand nous avons reçu un message du Groenlandais précisant qu'il avait retrouvé le bâtiment américain, engagé dans la mer du Labrador, à l'opposé de la direction que nous avions prise.

Puisque ce navire était au moins trois fois plus rapide que le nôtre et que nous étions séparés par une très importante distance, notre projet me semblait mal engagé. Mais je n'arrivais pas à me faire à l'idée d'un voyage inutile. Rosa non plus.

Je balançais dans les assiettes les portions aux membres de l'équipage, comme s'ils étaient personnellement responsables de nos tribulations, et notre capitaine ne cédait aux câlins qu'après un long commerce de murmures.

Nous avons cru que la chance était revenue avec le beau temps : notre Américain fantôme avait fait demi-tour et sortait du Labrador pour retourner à l'Atlantique. En revenant sur nos pas, nous couperions sa route. Peut-être allait-on mettre fin au cache-cache. Mais, une fois de plus, nous avons été déçus. Les militaires devaient avoir fini leurs sales petites manipulations, et ils rentraient chez eux. Le navire a piqué droit le long de Terre-Neuve, passant à quelques milles marins du *Nadym*. Nous n'avions presque plus d'approvisionnement, et le temps de reprendre du carburant, des vivres, le lanceur de LFAS serait rentré chez lui.

Un échec complet. Nous avons piqué sur Saint John's pour le ravitaillement. En route, nous avons croisé des orques en chasse. Un des mâles avait une taille impressionnante, peut-être plus de dix mètres.

– On devrait le harponner, on tient un record, a dit Linus.

Nous étions tous si déprimés que personne n'a eu le courage de lui dire de garder pour lui ses fines plaisanteries.

Quittant Saint John's, nous sommes tombés, après deux jours de mer, sur un cachalot macrocéphale ; l'ironie du sort voulait que, n'ayant servi à rien, le *Nadym* fût pourtant couvert de cadeaux. On ne rencontre pas de cachalots tous les jours, encore moins de vieux solitaires. Ceux qui se déplacent en groupe, en société matriarcale, vivent dans les eaux plus chaudes, propices à la chasse des calmars dont ils sont si friands. À cette latitude, notre cachalot était un vieux mâle. Il pouvait avoir plus de soixante ans. À bord du *Nadym*, on avait coupé les moteurs et un grand silence régnait. Ce n'était plus le temps de l'excitation devant les orques chasseresses. Le cachalot est si particulier. Que dire d'un être descendant à 3 000 mètres de profondeur pour y chercher les monstres abyssaux à tentacules dont il fait ses repas ? Il côtoie notre monde, celui de l'air de surface qu'il vient respirer, mais il descend si bas, si bas, à l'image opposée d'un oiseau qui s'élèverait au-dessus de l'atmosphère, de la stratosphère, jusqu'à s'affranchir de l'attraction terrestre.

Soixante-dix tonnes de muscles. Son cerveau seul pèse dix kilos : le plus gros de toutes les créatures.

Il est resté longtemps à la surface. Son énorme tête carrée me faisait penser à un animal de bois qu'un sculpteur eût a peine ébauché. Il se débrouillait, manœuvrant lentement, pour nous conserver sans cesse dans son champ de vision.

Il nous a expliqué, le temps de sa présence, pourquoi cela valait la peine de courir après des salauds fuyants, d'échouer, mais de recommencer.

13

Rosa et mon père se sont isolés pour discuter, à peine les avais-je présentés l'un à l'autre. Ils ont commencé par aller dans le jardin, puis ils nous ont carrément dit, à Patrick et à moi, qu'ils allaient se promener dans Thurso. Mary devait avoir des choses à dire, mais j'étais vexé ; mon oncle, plus encore.

– Et moi ? Et moi, merde ? Je compte pas ? Je l'ai vue une demi-heure, ta conquête.

– Laisse tomber, Patrick. De toute facon, j'avais du nouveau à te raconter. Du passionnant.

– Elle a un accent curieux, pour une Hollandaise.

– Néo-zélandais. Elle a grandi là-bas.

– Mon Dieu. Horrible mélange, j'ai bien peur. Tu es sûr de ce que tu fais ? Non, ne m'allonge pas cette bobine, je voulais juste, je me demandais…

– Ouais, ben, hein… Tantôt tu me sors tes phrases savantes, tantôt tu parles comme un de ces Highlanders butés qui trouvent que rien de ce qui n'est écossais ne devrait survivre sur cette terre. Ils ont même des doutes pour tout ce qui pousse au sud d'Inverness.

– La femme… Pire qu'un lapin. Elle creuse des terriers dans le terrain des plus belles amitiés.

– Je ne suis pas ton ami, je suis ton neveu. Maintenant que t'as fait ton numéro, dis-moi ce que tu penses d'elle.

– Que ton père avait épousé la carrière de martyr avec Mary, mais qu'il n'a pas eu le temps de souffrir assez. Fort heureusement, te voilà prêt à perpétuer la tradition familiale.

– Ce qui veut dire ?

– Qu'elle va t'en faire baver, comme un escargot sous le sel. Et le pire, c'est qu'elle est assez jolie, intelligente et pleine de charme pour que tu arrives à le supporter. Félicitations !

Patrick m'a enlevé dans ses bras, puis il a poussé un couinement et m'a lâché en catastrophe pour se saisir le bas du dos.

– Aïaah !

– Ta hernie ?

– Non, j'adore me tenir les reins en poussant de petits cris. Bordel. C'est pire chaque année.

– Bientôt l'hospice.

– Hmmpf. En dehors de cette femme, qu'est-ce qu'il y avait de tellement passionnant ?

– Un globicéphale.

– J'en ai déjà vu.

– Laisse-moi te raconter. En remontant la mer du Nord avec le *Nadym*…

– Pour votre glorieuse expédition…

– Tu me laisses parler ? Oui ? On tombe sur un groupe de plusieurs globicéphales noirs. Et dans le tas il y a une femelle – je ne savais pas que c'était une femelle, mais je m'en suis rendu compte après coup – qui avait une dorsale fendue. Une drôle de blessure, rare, pas le genre morsure ou nécrose, une entaille nette. Et je, hum, je me suis jeté à la baille.

– En mer du Nord.

– …

– J'aime autant que ton père ne soit pas là, parce que t'as beau avoir vingt-cinq ans, t'aurais les fesses cuisantes, mon beau. Donc, tu ne te noies pas…

– Comme tu vois. Mais j'ai eu, ne te fous pas de moi, une telle envie de rejoindre cette bête dans l'eau que je l'ai fait. Je n'ai pas réfléchi.

– Jolie histoire, pourtant je ne conçois pas l'extraordinairement passionnant de l'événement.

– Après cette campagne de merde, Rosa et moi on laisse le *Nadym* à Rotterdam et ma belle me dit qu'on va reprendre la mer du Nord, mais cette fois-ci sur son voilier, pour que je puisse la présenter aux frères Mackenzie.

– Belle bête. Je parle du bateau.

– Ça lui a pris dix ans pour le construire, sur une base de coque aluminium cédée par un des clients de ses parents. Elle y a mis tout son argent. Quand elle n'est pas en mer sur un autre bâtiment, elle habite dessus.

– *King Connor*, drôle de nom.

– C'est celui de son petit frère, qui est resté en Nouvelle-Zélande. Bien. On remonte la mer du Nord, comme je te disais, et à partir d'Aberdeen on longe la côte, que je veux montrer à Rosa. Tout se passe bien, mer correcte, mais, un matin, on retombe sur un tas de globicéphales. Dans le groupe, mon aileron fendu. J'essaie d'enfiler une des combinaisons de Rosa, un peu grotesque compte tenu de la différence de gabarit, c'était comme vouloir mettre un préservatif taille standard à un engin d'éléphant. Je n'y arrive pas, donc je reste déshabillé, je prends un bout, je l'attache à une manille, je me noue l'autre extrémité à la taille, et à la flotte…

– Avec ta Rosa qui te hurle…

– Des abominations, oui. Mais voilà que mon aileron fendu fonce droit sur moi. Et je n'ai pas peur, pas seulement parce que les globicéphales n'attaquent pas l'homme, mais parce que j'ai bien vu, au moment de la première rencontre, à l'aller, qu'il avait l'œil de mon rêve. Droit sur moi, arrêt pile à, quoi ? deux mètres ? Les autres membres du groupe, globicéphales plus trois fausses orques et un dauphin de Risso qui fait un bond gigantesque – on aurait dit qu'il s'envolait pour de bon –, ils nous lorgnent de loin, mais ma globicéphale (je m'étais enfin rendu compte que c'était une femelle), elle reste comme ça. Juste en face. Elle se rapproche même un peu. L'ennui, c'est qu'un voilier, tu ne l'arrêtes pas comme un bateau à moteur, surtout qu'il y avait un petit vent, et je commence à être tiré par mon bout. Rosa me crie encore des machins pas aimables en néerlandais – c'est ce qu'elle fait quand elle est très en colère. Ma globicéphale me suit. Elle me parle.

– Elle quoi ?

– Elle me parle. Toute la panoplie. Tu sais comment ils font, les globicéphales. Un vrai concert. Quand j'étais paisible en face d'elle, des gazouillis, presque un oiseau. Quand je commence à me barrer, entraîné par le *King Connor*, des coups de sifflet, des grincements.

– C'était la même qu'au premier voyage, sur ton… *Nadym* ? Ça me paraît louche. Pas une chance sur un million. Encore, ç'aurait été sur la même zone côtière, je veux bien, mais si je te suis, il y a plus de cent milles de distance entre la ligne de passage de votre aviso et celle de votre retour en voilier.

– La même globicéphale. Un message, de, de…

– De ?

– Ça, j'en sais rien. Comme si elle était une émissaire. Je ne sentais plus mes jambes ni mes doigts, j'ai crié à Rosa de tirer sur le bout, parce que j'allais crever d'hypothermie. J'étais encore assez lucide pour m'en rendre compte.

– C'est elle qui t'a remonté ? Elle est costaud.

– On était tout près de la côte, on a bien failli en plus être drossés contre la pierraille. Rosa m'a frotté le corps au Kamol, elle m'a enroulé dans tellement de couvertures que j'avais l'air d'un cosmonaute, et elle a dit qu'elle me ferait bouffer mes joyeuses si je recommençais, avec cette manie de plonger dans l'eau glacée. Il restait une demi-journée de navigation jusqu'à Thurso. Ma globicéphale s'est éloignée de son groupe, tu te rends compte, tu sais ce que ça représente pour eux, elle nous a suivis jusqu'à l'entrée du port. Elle est peut-être là, dehors. Je crois qu'elle y est. Elle y est.

– Ino.

– J'ai pas compris.

– Ino, la déesse protectrice des mers, chez les Grecs. Ça lui fait un nom. Qu'est-ce que tu vas faire, maintenant ? C'est pas banal.

– Demain, je sors du port et je la cherche.

Rosa et mon père ne sont revenus que très tard de leur excursion en ville. La porte a été ouverte d'un coup de pied, et ils sont entrés, se tenant par les épaules, vacillant, les jambes couvertes de vase jusqu'à mi-cuisse. Ils étaient rubiconds et hilares. Rosa a braillé un mot néerlandais, repris par mon père qui a pouffé à l'instar d'une écolière facétieuse.

– Les Magenzie zont des voleurs de baisers ! De bère en vils ! Z'est du joli ! Vous zaudez zur des pauvres filles zans dévenze, et youp là ! Smoudch ! Smoudch ! Augun argument ! Jusde les baisers ! Labendable ! Labendable mais agréable, pfrrrr !

Rosa, ma belle Rosa, ivre morte.

– Ma parole, ils sont ronds comme des queues de pelle ! a grommelé Patrick, emporté par une indignation jalouse.

– Nooon ? Tu crois ?

– Gomme des gueues de belle ! a renchéri Rosa en embrassant la joue de Colin Mackenzie, que je n'avais jamais vu dans cet état.

– On vête le mariage !

– Quel mariage, Rosa ?

– Ah, ah, ah, bedit malin ! Maindenant gue je diens un zacré gorille rouguemoute, du grois pas gue je vais le lâcher ! Ni vu ni gonnu, ch't'embrouille ! Du zeras magnivique dans da robe blanche. Euh, non, dans la robe, z'est moi…

Mon père secouait la tête avec énergie. Elle l'a croché au coude.

– Et lui maindenant, z'est mon baba à boi.

– Oui, Rosa. C'est ton papa. On va vous faire un bon café, pas vrai ? Vous devriez vous asseoir…

– Si je veux ! a beuglé mon père, projetant, d'un hardi mouvement de la jambe, un morceau d'algue qui s'est collé sur le papier peint.

– Ouaiis ! Si on beut !

Patrick était partagé entre la colère et la confusion. On inversait les rôles, il ne s'y retrouvait pas.

– Colin ! Tu nous emmerdes à longueur d'année pour un grain de poussière, et ce soir, t'étales de la vase partout. Et vous, arrêtez de piétiner le tapis, vous allez le foutre en l'air. Ah non, mais regardez ça, espèces de porcs !

– Groink, groink, a fait Rosa.

Mon père s'est cassé en deux tellement il riait ; des larmes lui coulaient sur les joues. Il y avait là un spectacle étrange.

Je devais ressentir la même impression qu'un majordome du 10, Downing Street voyant tout à coup le *Prime minister* saisir à bras-le-corps l'ambassadeur d'Autriche pour danser la salsa dans le living.

Rosa et moi avions projeté de dormir à bord du *King Connor*, mais l'état des deux énergumènes a modifié les plans.

Ils ont obstinément refusé le café, cherchant même une bouteille dans la cuisine pour achever leur ouvrage, mais Patrick s'est montré plus intransigeant qu'une harpie de la Ligue de tolérance.

Il s'est campé devant le placard à alcools, bras écartés.

– Il faudra me passer sur le corps, mes agneaux.

– Bas de broblème, a dit Rosa en levant le poing.

Je me suis interposé à temps. Ensuite mon père a entrepris de faire découvrir à Rosa la maison, qu'elle avait déjà visitée quelques heures auparavant. Ils ont mis de la vase et des résidus verdâtres dans toutes les pièces, sauf dans la chambre de Patrick, que celui-ci était en catastrophe allé fermer à clé. Puis ils sont revenus s'écrouler sur le canapé du salon, où ils se sont endormis d'une pièce, de terribles fauves frappés par la seringue hypodermique.

Ils ronflaient en canon. Comme toujours dans son sommeil, Rosa, les traits relâchés, les mains croisées à hauteur de la bouche, avait l'air d'une enfant.

– Elle est merveilleuse, a murmuré Patrick.

Je l'ai fixé avec méfiance, mais l'ironie n'était pas là.

– Elle va nous faire une belle-fille splendide. Ne la laisse pas t'échapper.

– Aucun risque.

– Qu'est-ce que c'est que cette histoire de baiser volé à la Mackenzie ?

– Si j'ai bon souvenir de ce qu'on m'a dit du baiser de papa, le sien était offensif. Le mien seulement préventif.

– Préventif?

J'ai pensé prendre Rosa sur mon épaule pour l'emmener dans ma chambre, et puis

Patrick et moi avons décidé de laisser les ivrognes sur le canapé, après avoir éteint le plafonnier.

14

Elle m'attendait à la sortie du port, près de l'endroit où elle nous avait quittés la veille. Je m'étais levé aux premières lueurs de l'aurore. Rosa et mon père n'avaient pas bougé du canapé et même Patrick le matinal était encore au lit. Je n'aurais pas pris le *King Connor*, dont je commençais à peine à comprendre les manœuvres, et j'avais donc ramé, avec le dinghy de mon père, la mer étale ne présentant pas de danger. La grande femelle à l'aileron fendu est venue vers moi tout naturellement ; je ne l'avais pas appelée.

– Ino.

Elle a glissé sur le flanc, ce que font beaucoup de delphinidés pour mieux observer le visiteur. Une fois encore, l'œil de mon rêve.

– Qu'est-ce que tu veux ? Qu'est-ce que tu me veux ?

À une encablure, trois fausses orques patrouillaient ; mais elles ne s'approchaient pas. Des autres globicéphales, il n'y avait aucune trace.

L'homme aime être l'objet d'attentions de la part des odontocètes ; il y voit un élan d'universelle tendresse, dont il a bien besoin puisque sa propre espèce le lui refuse si souvent. Il est au moins aimé des animaux marins. Mais ce n'est pas bon signe de la part de ces derniers. C'est ce qu'on pourrait appeler un comportement aberrant, au sens psychologique du terme.

Les globicéphales sont faits pour vivre entre eux, ou en commensaux avec des espèces cousines. Pas pour flirter avec le plus meurtrier de leurs ennemis. J'aurais dû me le répéter, faire demi-tour avec mon bateau gonflable et rentrer à la maison.

Mais j'ai tendu la main le long du dinghy, effleurant la surface, et Ino est venue s'y frotter, comme un chat inconnu glane au passage une caresse, sans s'attarder, une bouffée de douceur pour contenter les sens.

Lorsqu'on rencontre une amante étrangère dont on ne comprend pas la langue, et pour peu qu'elle ne connaisse pas non plus Ia nôtre, on s'emploie à une étude frénétique, tant est grand le besoin de communiquer. Certains appellent cela l'apprentissage sur l'oreiller. On dit que c'est encore le plus efficace et le plus rapide des moyens pour se pénétrer d'une autre culture.

Mais dans la mer, pas d'oreiller. Je suis resté muet devant les gazouillis d'Ino.

Fort heureusement pour lui, mon père ne travaillait pas ce jour-là, car il avait tout du

Monstre des marais, dans l'apparence et dans l'haleine, lorsque je suis revenu à la maison. Rosa, en revanche, était fraîche, allègre. Elle se tenait devant la cuisinière, chantonnant un air aux rugosités évocatrices de moulins et de tulipes.

Patrick m'a fait une grimace pleine d'appréhension, puis il a enchaîné, enjoué, abject de duplicité :

– Rosa nous fait un truc hollandais, miam-miam, une recette de, euh…

Le mot « recette » a eu pour effet de précipiter mon père vers les toilettes.

– Elle a une de ces santés, m'a chuchoté Patrick. Elle a enfoncé ton pauvre père. Elle doit sûrement avoir une dose de sang écossais. En cherchant bien…

– Quand vous finirez avec un foie qui ressemblera à une serpillière hors d'âge, faudra pas vous plaindre.

Je suis allé entourer Rosa de mes bras, mais je n'étais pas tout à fait à l'aise, puisque

Patrick, et mon père de retour, se trouvaient là en spectateurs.

– Je reviens de la sortie du port. J'ai vu Ino. La globicéphale.

– Je sais. Je me suis réveillée très tôt ce matin, mais tu étais déjà parti. Comment va-t-elle ?

Au ton de sa voix, et à la raideur particulière que je lui connaissais dans certaines circonstances, j'ai su ce qui se passait.

– Tu es jalouse !

– D'une bête ? Stupide.

Elle s'est dégagée, feignant d'avoir à remuer sa casserole.

– C'est vilain, d'être j…

– Ach ! Fiche-moi la paix.

– Rosa… Qu'est-ce qui se passe avec cet animal ? Pourquoi moi ?

– Mais c'est évident : c'est une femelle, et tu sais que tu es irrésistible…

– Ne te moque pas de moi. Tu n'as pas une idée ?

– Si, j'en ai une.

– Ça m'intéresse, a crié Patrick dans notre dos.

Rosa a retiré la casserole du feu – le contenu n'avait pas l'air de pouvoir, quoi qu'il en fût, être amélioré –, puis elle a coupé le gaz et nous a regardés, les trois Mackenzie, comme une institutrice sa classe de maternelle.

– Vous connaissez tous ces animaux...

– Non, pas Colin, a dit Patrick. Il est nul là-dessus.

Rosa l'a ignoré.

– Ils sont très intelligents, et très sensibles. Moi, je dirais que leur sensibilité, bien qu'il soit difficile de la confronter à la nôtre, est plus développée encore que leur intelligence. Que leurs sensations l'emportent sur leur réflexion. C'est un peu hasardeux, la comparaison, mais prenez un bébé humain. Il a un cerveau, pourtant il est à peine capable de s'en servir. Je veux dire, il a du mal à saisir son pied avec ses mains, il bave, il se fout son hochet dans l'œil et il braille…

– Tout le portrait de Ian il y a une poignée d'années.

– Ta gueule, Patrick.

– Le bébé humain, au sens où on l'entend généralement, est idiot. Mais il reconnaît les gens qui l'aiment. Il leur sourit. Il tend ses mains vers eux. Il sent.

– Et pour la globicéphale…

– Votre neveu aime tellement ces animaux, et puis il y a ce rêve, qui a dû le conditionner, je ne sais pas, il les aime tellement que la globicéphale l'a senti. Et je crois aussi qu'elle était, qu'elle demeure dans des dispositions qui nous sont étrangères, mais qui la rendent plus réceptive à cet amour que la plupart de ses congénères.

– Ce qui n'explique pas pourquoi vous l'avez retrouvée à plus de cent milles de l'endroit où vous l'avez rencontrée pour la première fois. Si c'était bien elle.

– C'était elle. Ian a raison. Je suis sur l'eau depuis presque trente ans, et je n'ai jamais vu de blessure de ce type à une dorsale. C'est une signature. Pour ce qui est du mystère, je fais partie de ceux qui croient que nous ne savons rien des mammifères marins. Rien qui vaille, par rapport à l'énorme masse de données qui nous échappent pour l'instant. S'il s'agissait d'astronomie, nous en serions encore à prétendre que la Terre est plate et que le soleil tourne autour de nous. L'ennui, c'est que notre galaxie nous a laissé le temps de corriger ces erreurs. Nous aurons peut-être massacré l'ensemble des êtres des mers avant d'avoir un commencement de réponse quant à leur mode de pensée et à leur fonctionnement général. Pour ne pas parler de communication.

Au milieu de l'après-midi, nous sommes allés, tous les quatre dans le dinghy, à la rencontre d'Ino. Dans un premier temps j'ai cru qu'elle était partie, et nous avons tourné en rond. Mon père disait qu'on allait nous prendre pour des fous, en ville. Puis l'aileron s'est dessiné, loin à bâbord. Alors qu'Ino approchait, seule cette fois, sans le moindre signe qu'elle fût accompagnée, Rosa, mon oncle et mon père, d'une voix unique qui a résonné comme un numéro bien préparé, ont dit :

– Oh, ooh. Mauvais.

Je ne les écoutais qu'à moitié. Penché pardessus le boudin de plastique, je tendais les bras vers la globicéphale. Elle est venue poser son melon contre mes paumes, avec ce gazouillis que je commençais à ressentir, si je ne le comprenais pas. Devant cet animal de plus d'une tonne, j'ai soudain eu la prescience d'une fragilité de sa part, une fêlure, un événement qui ne suivait pas son cours comme il l'eût fallu, et je me suis vu dans la peau d'un parent estimant la température de l'enfant en posant la main sur son front.

– Ino… Qu'est-ce qu'il y a ?

– On rentre, a dit mon père.

Patrick et Rosa saisissaient déjà les avirons.

– Quoi ? Mais on vient à peine d'ar…

– Regarde.

Des nuages d'un bleu plombé arrivaient sur le port, couvrant l'étendue de la mer libre d'une ombre qui transformait l'eau en une nappe noire.

– On va s'en prendre une bonne si on ne se dépêche pas.

– Ça va… On est à un quart d'heure du bord.

– Quart d'heure ou pas, je ne veux pas être là quand ça va péter. C'est peut-être qu'un grain, mais sérieux, et je ne me le mangerai pas sur cette bouée gonflable.

– Bien dit, frangin. Moi, j'ai pas envie d'avoir fait onze fois le tour du monde pour me noyer dans le port de ma propre ville. Ce serait tout à fait vulgaire.

Rosa m'a touché la nuque. J'ai relevé les mains du melon soyeux d'Ino, et elle s'est aussitôt éloignée, comme si elle avait compris la nécessité de notre fuite.

15

Ce n'était pas un grain, mais une violente tempête qui a duré deux jours, les déferlantes venant s'écraser au rivage dans des jeysers crémeux. Il pleuvait aussi, une pluie froide qui se mêlait aux embruns et parfois le vent, la poussant vers le large, créait un chaos aérien d'eau douce et d'eau salée où nul être vivant n'eût été bienvenu. Nous étions allés vérifier l'amarrage du *King Connor*, et Rosa, inquiète pour son bateau, avait un temps exprimé la volonté de dormir à bord. Je le lui avais interdit. Pas déconseillé, mais interdit.

Ç'a été la première fois que je me suis comporté ainsi avec elle, et mes souvenirs sont assez vivaces – après tout, nous ne sommes pas mariés depuis cinquante ans – pour que je puisse affirmer que ç'a aussi été la dernière. Il n'était pas question d'autoritarisme mais de raison, et à mon grand étonnement, Rosa avait accepté de m'écouter sans barguigner.

Le mauvais temps n'empêchait pas mon père d'aller à la conserverie. Aussi Patrick, Rosa et moi sommes-nous restés à la maison, aveugles au dehors, les rideaux de pluie et les paquets d'embruns assaillant nos fenêtres. Je pensais à Ino, et me demandais où elle pouvait s'être réfugiée. Il est bien évident qu'un globicéphale ne subit pas la tempête de la même façon qu'un humain. Les fonds sont moins tourmentés que la surface. Encore faut-il, pourtant, qu'il remonte de temps à autre pour respirer.

Rosa et mon père s'étaient immédiatement entendus, jusqu'à créer une étrange complicité que j'attribuais, peut-être à tort, à la présence intérieure de Mary des Highlands, mais Patrick, lui, était impressionné par ma compagne. Lui, si faraud, se montrait emprunté et moins disert qu'à l'ordinaire quand ils partageaient une pièce. Son éloquence se heurtait au regard inquisiteur de Rosa ; elle n'avait rien d'un Saint-Just, mais elle lisait à travers vous et certaines personnes s'en trouvaient désarçonnées. Mon oncle l'a exprimé en me prenant à part, le matin du deuxième jour de la tempête, pour me dire, comme s'il parlait de quelque maléfique pouvoir :

– Elle est pas ordinaire. Quand elle te regarde, on dirait qu'elle peut voir la couleur de ton slip à travers le pantalon. Tu vois ce que je veux dire ?

– J'aurais préféré que tu me parles du motif du médaillon sous ta chemise, plutôt que de ces histoires de slip, mais oui, je vois ce que tu veux dire.

– Elle est un peu sorcière. Quelle chance tu as!

Je regardais passer le temps avec inquiétude. Rosa et moi ne devions rester à Thurso qu'une semaine, avant de redescendre vers le *Nadym* avec le *King Connor*, pour entreprendre une autre mission, à hauteur des Grandes Antilles, mission dont nous espérions qu'elle nous serait plus profitable que le raté du Labrador. Je voyais mal Ino nous suivre au long des milliers de milles qui nous séparaient de notre destination; et quand bien même, quel intérêt pour cette femelle à l'étrange attitude?

À peine le temps s'était-il calmé que je suis parti seul dans le dinghy, sous un ciel couleur d'huître, ramant sur des eaux ardoise. Ino était déjà là; je ne sais si le hasard, ou son intelligence, l'avait décidée à choisir un des rares emplacements, à la sortie du port, qui ne fussent pas fréquentés par des embarcations dont elle eût à redouter les hélices.

Je l'ai retrouvée avec un immense plaisir, une joie qui m'a une fois encore donné l'envie de me précipiter à l'eau, mais je me suis contenté des mêmes caresses que lors de notre précédente rencontre.

– On est les deux balafrés, hein, ma belle ? Ma belle, belle Ino…

Son souffle montait haut ; de fines particules retombaient en crépitant sur le plastique du dinghy. Dans l'œil d'Ino, une attente, que je ne comprenais pas. Quelle noirceur parfaite, qui luisait au ciel pâle ! Celle d'un piano de concert, d'une laque. Le souffle m'a encore douché, et le coude d'un des bras immenses d'Ino a fait glisser le dinghy sur bâbord. Elle s'en est aussitôt rapprochée, non pas comme une mère suit son enfant, mais bien comme un être apeuré venant trouver refuge auprès d'une puissance supérieure : moi, qui n'étais qu'une marionnette de quatre-vingts kilos devant la noire majesté.

Par osmose, l'angoisse d'Ino s'est infiltrée dans ma tête, mon corps, jusque dans les battements des artères de mon cou. La globicéphale avait à me dire, et j'étais impuissant. Je l'ai encore touchée. Ma conductrice et ma bergère. Elle montrait des dents énormes, coniques, proches de celles des cachalots, que des milliers de marins ont sculptées à travers les océans du globe.

Je ne pouvais flotter sur place indéfiniment, je ne voulais pas quitter Ino. Alors je suis resté tout de même, jusqu'à ce que Ros me rejoigne, dans le canot de sauvetage du *King Connor.*

– Ce n'est pas un chien ou un chat ou un… un hamster, Ian. Cette histoire n'est pas saine.

Rosa et moi chuchotions dans ma chambre. Deux rais de lumière bleue traversaient la pièce, par les trous en forme de trèfle dessinés dans les volets.

– Qu'est-ce que tu veux que j'y fasse? Que je la harponne et que je la fasse empailler? Rosa… ne me prends pas pour un illuminé, mais j'en suis sûr: cette bête est en danger. Elle est… il y a quelque chose qui la tourmente.

– Ça reste à prouver. Et puis, il n'y a rien à y faire.

– Je ne sais pas. Je cherche… Pourquoi a-t-elle fui ses compagnons, et même les fausses orques et les Risso? Elle n'a pas été bannie. Elle s'est isolée d'elle-même.

Rosa a mis sa tête sur mon ventre.

– Ça gargouille sec, là-dedans.

– Je vais la revoir demain.

– O.K. Mais tu sais que nous devons nous en aller dans trois jours.

Je me suis relevé sur un coude, pour mieux voir Rosa. Depuis les premiers instants, j'avais été persuadé – et je le demeure aujourd'hui – que, dans un cas comme le nôtre, la différence d'âge n'avait guère d'importance. Mais avec l'exemple d'une passion aussi inconditionnelle que celle de mon père pour Mary, je redoutais que mon union avec Rosa ne fût pas aussi intense.

Les amours rencontrent des obstacles. Ceux qu'affrontait mon père étaient l'oubli, la perte de la consistance, de la réalité enfin de celle qui avait été si peu de temps son épouse. La dévotion de Colin Mackenzie balayait cela.

Nos obstacles à nous, si Rosa et moi vivions, serait ceux, plus banals mais tout aussi redoutables, des habitudes et de la lassitude. Il faut quelque sortilège pour combattre le temps.

Mais Patrick ne l'avait-il pas énoncé ? Rosa était un peu sorcière.

– Je viendrai avec toi demain, Capone.

– C'est ma volonté. Heureuse, celle qui vient au-devant des désirs de son maître.

– Ah oui ? Amène un peu tes fesses…

Elle émettait un ronflement qui se transformait en gargouillis gazeux lorsque son évent touchait la surface, puisque, à intervalles réguliers, Ino se couchait sur le côté. Il arrivait qu'elle se laissât couler quelques secondes, avant de revenir à l'air ; et ce n'étaient pas des immersions volontaires.

– Qu'est-ce qu'elle a ? Putain, qu'est-ce qu'elle a ?

Ma voix était plus aiguë que je ne l'eusse voulu.

– Je crois qu'elle est malade, a dit Rosa.

– Elle est en train de crever, oui ! Il faut la... la sortir de là !

À peine avais-je parlé que je me suis rendu compte de l'inanité de mes mots. Ino s'est enfoncée, une fois de plus, et quand elle est revenue à la surface son souffle n'est monté qu'à quelques centimètres. Elle s'est immédiatement immergée ; le corps musculeux, au gré des vagues légères, n'était plus que flaccidité.

– Elle meurt. Mon Dieu ! Elle meurt !

Je suis retourné à l'eau sans même prendre le temps d'enlever mes bottes, bien que Rosa eût tenté de me retenir. J'ai nagé sous le corps d'Ino qui commençait à s'enfoncer et, folie, j'ai essayé de pousser vers la surface la grande globicéphale noire.

C'est Rosa qui est venue me chercher ; dans les eaux troubles, elle a surgi, m'a saisi par le col avec une telle brusquerie qu'elle a arraché une partie de mon vêtement, puis elle m'a tiré vers l'air libre. Ino s'en allait par le fond.

16

Arthur Browning, un patron pêcheur ami de Patrick, m'a aidé à récupérer la dépouille d'Ino. Il ne fallait pas tarder, car les courants pouvaient la déplacer, et les milliers de charognards de la mer s'en prendraient vite à elle.

C'est moi qui ai plongé pour attacher le cable autour de la queue de la globicéphale, et depuis son bateau, Browning s'est servi du palan à filet pour la remonter, puis la déposer sur son pont. Je voulais savoir pourquoi Ino était morte. J'ai fait venir un vétérinaire et lui ai demandé une autopsie. Il m'a considéré avec surprise, mais mon impatience était telle que je l'ai presque poussé sur le grand corps étalé.

– Dites-moi ce qu'elle a eu.

– Ah, mais c'est que je ne peux pas vous dire ça en dix minutes. Je dois faire des prélèvements.

– Tout ce que vous voulez. Mais trouvez.

Je suis allé à l'avant du bateau de Browning, le temps de laisser travailler l'homme de l'art. À quai, la proue était tournée vers la côte, vers Thurso où j'apercevais la maison Mackenzie, qu'il me semblait voir pour la première fois.

Rosa, qui était allée se changer, est revenue, mais je ne lui ai guère parlé ; j'ai mis par-dessus ma tenue de plongée le pull-over qu'elle me tendait, j'ai bu au thermos de café, mais je n'ai pas mangé le sandwich qu'elle m'avait préparé.

Nous avons attendu les conclusions du vétérinaire, qui au bout d'une heure est venu me dire qu'il était trop tôt pour se prononcer, mais qu'il ferait analyser les échantillons.

Ensuite, nous sommes allés au large pour libérer le cadavre d'Ino.

Patrick et mon père se tenaient l'un à côté de l'autre, deux hommes bienveillants et solides, qui d'un geste gémellaire nous ont dit adieu lorsque Rosa et moi avons quitté Thurso à bord du *King Connor*. Le ciel était d'un bleu très pâle, où glissaient des nuages effilochés ; la mer, formée. Nous avons doublé le Duncansby Head et nous avons longé la côte est jusqu'à Amble.

Du port, j'ai appelé le vétérinaire. Il m'a dit qu'Ino était morte empoisonnée. De fortes doses de méthylmercure, de tétraméthyle, mais surtout une quantité colossale de polychloro-biphényles, les PCB.

– Il est à espérer, monsieur Mackenzie, que cette femelle n'ait pas eu de petits avant sa disparition. Les doses présentes dans son organisme étaient telles que la progéniture serait née anormale, ou elle aurait été intoxiquée par le lait de la mère. Comme pour la dioxine, voyez-vous, ces produits sont mutagènes. Ils agissent sur des générations entières.

– Comment est-ce possible ?

– La génétique de l'animal est bouleversée, et…

– Non. Comment on trouve ça dans l'eau ?

– C'est très fréquent. La mer du Nord est une véritable poubelle, monsieur Mackenzie. Vous et votre compagne travaillez pour le S.O., je crois. C'est une chose que vous devez savoir. Est-il indiscret de vous demander pourquoi vous sembliez si attaché à cette globicéphale ?

J'ai répondu que oui, c'était indiscret.

Rosa et moi sommes allés au pub, près du rivage ; nous avons bu une bière en regardant, à travers les vitres poisseuses de sel, passer les navires. Ils sillonnent le dessus des mers.

Je me suis demandé, sous ces quilles et ces hélices, sous les vagues, au long des chemins qu'empruntent les cétacés depuis des millénaires, quels avaient été les voyages d'Ino.

L'auteur tient à signaler aux jeunes lecteurs passionnés par les dauphins et leurs cousins le très exhaustif ouvrage de monsieur Yves Paccalet, *La Vie secrète des dauphins*, aux éditions de l'Archipel.